职业教育电子商务专业改革创新教材

网店客户服务

（项目式教材）

第2版

主　编　周艳红
副主编　朱小宇　尚　芳
参　编　黄　璐　韩方璇
　　　　陈　曦　钟　春

机械工业出版社

本书对网店客户服务的理论和技巧进行了系统的论述和探讨，融入了新的网店客服岗位标准与技能要求。全书分为五个项目，内容包括：网店客户服务概述、售前准备及咨询接待、售中有效订单的处理、售后交易纠纷的处理和客户关系管理。本书采用简洁的语言、直观的图表对网店客服售前、售中、售后等环节进行了详细的描述，并通过"小知识""小经验""小案例""素养之窗"等栏目，增加本书的实用性、针对性、可操作性和可读性。同时，为便于教师教学、学生学习，本书附有综合练习（纸质）并配有教学资源包（电子）。

本书可作为职业学校电子商务类专业及相关专业的教材，也可供初级电子商务人员、网络营销人员、企业经理、营销管理人员自学、培训学习使用。

图书在版编目（CIP）数据

网店客户服务：项目式教材/周艳红主编．—2版．—北京：机械工业出版社，2023.12（2025.7重印）
职业教育电子商务专业改革创新教材
ISBN 978-7-111-74636-2

Ⅰ．①网… Ⅱ．①周… Ⅲ．①网络营销—中等专业学校—教材 Ⅳ．①F713.365.2

中国国家版本馆CIP数据核字（2024）第020019号

机械工业出版社（北京市百万庄大街22号　邮政编码100037）
策划编辑：宋　华　　　　　　责任编辑：宋　华　张美杰
责任校对：孙明慧　刘雅娜　　　封面设计：鞠　杨
责任印制：单爱军
北京盛通数码印刷有限公司印刷
2025年7月第2版第2次印刷
184mm×260mm • 11.75 印张 • 209千字
标准书号：ISBN 978-7-111-74636-2
定价：39.80元

电话服务　　　　　　　　　网络服务
客服电话：010-88361066　　机　工　官　网：www.cmpbook.com
　　　　　010-88379833　　机　工　官　博：weibo.com/cmp1952
　　　　　010-68326294　　金　书　网：www.golden-book.com
封底无防伪标均为盗版　　机工教育服务网：www.cmpedu.com

随着电子商务的迅猛发展，越来越多的传统企业纷纷触网，电商战略已经成为众多企业未来几年的核心战略，企业对电商人才的需求量倍增。电商人才需求结构中，对运营管理、营销推广、文案策划、美工设计、物流仓储、客户服务等岗位的需求较为迫切。

2021年10月，商务部、中央网信办、国家发展改革委三部门印发了《"十四五"电子商务发展规划》（简称《规划》），明确了"十四五"时期我国电子商务发展的方向和任务。《规划》提出，到2025年，我国电子商务高质量发展取得显著成效。电子商务成为经济社会全面数字化转型的重要引擎，成为就业创业的重要渠道，成为居民收入增长的重要来源，在更好满足人民美好生活需要方面发挥重要作用。到2035年，电子商务成为我国经济实力、科技实力和综合国力大幅跃升的重要驱动力，成为人民群众不可或缺的生产生活方式，成为推动产业链供应链资源高效配置的重要引擎，成为我国现代化经济体系的重要组成，成为经济全球化的重要动力。

电子商务快速发展，网店经营日益火爆，网店客服的好坏直接关系到店铺的形象，影响网店的成交率及客户的回头率，影响企业的综合竞争力。职业院校如何培养企业需要的网店客服？编者认为，在培养网店客服时，必须加强教学性实践环节，以提高职业综合能力为着眼点，使培养的学生更好地适应社会、企业的要求。本书由校企双方共同开发，由企业从事网店客服的人士参与编写，内容更切合实际。

本书具有如下特色。

1. 以情景为主线，培养学生解决问题的能力

以网店客服在实际工作中遇到的问题作为各项目的切入点，通过分析、任务实施，引导学生思考如何处理实际工作中遇到的问题。

2. 以任务为驱动，突出网店客服的实践性

网店客服是一门实践性很强的课程，本书在社会对职业院校电子商务人才需求的基础上，尽可能地突出实用性。书中设计的实践活动，旨在培养学生的实际动手能力。

3. 设计评价环节，培养学生自我评估能力

任务评价的设计是学生对知识和技能掌握的回顾与总结，也是教师教学效果的直观反映，有利于教学水平的提高。

4. 附有综合练习，加深学生对理论知识和技能的掌握

本书附有与每个项目对应的习题，题型有判断题、不定项选择题、填表题、实践题等，能加深学生对理论知识的理解，有利于学生对实际操作技能的掌握及巩固。

5. 提供教学资源包（电子）

为方便教学，本书配有教学资源包（电子），部分视频以二维码形式附于书中。

选用本书作为教材的职业院校，可通过机械工业出版社教育服务网（http://www.cmpedu.com）或加入电子商务专业交流群（QQ群：832803236）免费获取教学资源包。

全书教学建议72学时完成，具体分配如下：

项目	内容	理论学时	实训学时	合计
项目一	网店客户服务概述	4	8	12
项目二	售前准备及咨询接待	6	12	18
项目三	售中有效订单的处理	4	8	12
项目四	售后交易纠纷的处理	4	10	14
项目五	客户关系管理	4	8	12
	机动	2	2	4
	总计学时	24	48	72

本书由周艳红担任主编，朱小宇、尚芳担任副主编。具体编写分工如下：项目一由周艳红编写；项目二由尚芳、韩方璇编写；项目三由陈曦、钟春编写；项目四由朱小宇编写；项目五由朱小宇、黄璐编写。

本书在编写过程中得到了武汉市供销商业学校、广西水产畜牧学校、赣州职业技术学院、广西五十二度电子商务有限公司等单位的大力支持；另外在编写过程中参考了许多资料和书籍，在此一并表示衷心的感谢！

由于编者水平有限，书中难免有不妥之处，恳请读者、专家提出宝贵意见和建议。读者意见和建议可发至邮箱：dzsw2012zyh@163.com。

编　者

二维码索引
QR code index

序号	名称	二维码	页码	序号	名称	二维码	页码
1	网店客服的分类		013	9	发货		081
2	网店客服的基本素质		020	10	客服退换货处理技巧		094
3	电子商务平台规则		033	11	客服处理退款技巧		109
4	支付宝支付方式及设置		045	12	处理客户投诉技巧		119
5	网络客户服务的形式		052	13	处理中差评技巧		132
6	网店售前客服接待流程		058	14	客户关系管理的作用		142
7	产品咨询应对技巧		063	15	开发新客户的方法和技巧		150
8	确认订单		076				

目录 Contents

前言

二维码索引

情景企业、人物介绍 // 001

项目一　网店客户服务概述 // 003
任务一　初识网店客服 // 004
任务二　提升网店客服岗位的基本素质 // 019

项目二　售前准备及咨询接待 // 025
任务一　熟知第三方平台规则 // 026
任务二　储备营销活动、付款及物流知识 // 034
任务三　运用客服常用工具 // 047
任务四　熟知售前接待流程 // 055
任务五　客户接待与沟通技巧 // 060

项目三　售中有效订单的处理 // 073
任务一　确认订单 // 074
任务二　确认发货 // 078

项目四　售后交易纠纷的处理 // 087
任务一　处理退换货 // 088
任务二　处理退款 // 098

任务三　应对投诉纠纷 // 112

任务四　管理评价 // 122

项目五　客户关系管理 // 135

任务一　认识客户关系管理 // 136

任务二　运用客户关系管理的方法 // 146

参考文献 // 156

附　综合练习

情景企业、人物介绍

情景企业介绍

广西五十二度电子商务有限公司

广西五十二度电子商务有限公司成立于2015年,位于广西壮族自治区南宁市,是一家以从事互联网和相关服务为主的企业,企业注册资本500万元人民币。

公司经营范围主要包括:网上销售,外包客服,企业营销策划,代运营,仓储服务,设计、制作、代理、发布国内各类广告,职业中介服务,产品外包装设计、摄影服务、图文设计,计算机技术咨询服务、网络技术开发,产品自主研发、推广、引产入校等业务。

公司业务涉及的平台有抖音、快手、小红书、京东、天猫等。公司的企业文化为"沉淀、实干、感恩、担当、传承",企业愿景是"成就一家有价值、有担当的民族企业"。

公司成立至今,已与多所中、高职院校深度合作,形成了科学、完善的"生产性可复制"的校企合作模式。通过电商运营和临促引产入校,在满足社会电商人才需要的同时,电商活动创造综合销售额每年不低于10亿元;每年培养和推荐就业的毕业生在1 000人以上。

企业创始人简介

林柱福，男，义乌市广西商会创会副会长；全国校企双创联盟主席团主席；全国工商联高级企业管理师；中国管理科学研究院高级创业指导师。

人物介绍

张　婷

毕业于某职业院校电子商务专业，性格开朗、善于与人交流、专业基础扎实、熟练掌握办公软件的操作、汉字录入速度80字/分钟。毕业后想找一份与电子商务专业相关的工作，经过多方选择，最终决定从事网店客服工作，于是参加了多次网店客服的面试，最终被广西五十二度电子商务有限公司录用。

王俊熙

广西五十二度电子商务有限公司客服主管，从事网店客服工作十余年，熟悉业务、经验丰富、关心下属、重视人才。

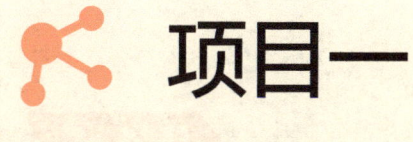

项目一
网店客户服务概述

项目导学

随着网络购物的兴起,网店经营的日益火爆,一个全新的职业——网店客服悄然兴起了。网店客服是一个电子商务公司的门户,客服工作的好坏直接关系到店铺的形象,影响网店的成交率及客户的回头率,与企业利益直接挂钩。目前,电商人才需求中对客服岗位的需求较为迫切。

通过本项目的学习,你会对网店客服有一个大致的了解,为学习后面的内容打下良好的基础。

项目目标

- ◆ 了解网店客服的含义、分类。
- ◆ 理解网店客服的作用和意义。
- ◆ 了解网店客服需要具备的素质。
- ◆ 引导文明上网、理性发言,共同维护网络环境。
- ◆ 树立正确的服务思想和强烈的服务意识。
- ◆ 培养爱岗敬业的社会主义核心价值观,厚植工匠精神。

任务一　初识网店客服

情景导入

张婷对具体选择什么工作岗位犹豫不决，由于她刚毕业，缺乏经验，有人建议她可以先找个网店客服的工作，锻炼自己的能力。于是张婷打开计算机，开始收集网店客服招聘的相关信息。

情景分析

张婷如果想从事网店客服的相关工作，她应该了解什么是网店客服、网店客服的职业现状和就业前景。

任务实施

任务实施导航结构图：

```
初识网店客服
  ├─ 收集资料，了解网店客服
  └─ 利用网络，知晓网店客服的就业情况
```

一、收集资料，了解网店客服

（1）搜索信息。进入百度搜索引擎网站，在搜索栏中输入关键词"网店客服"，单击"百度一下"按钮，如图1-1所示。

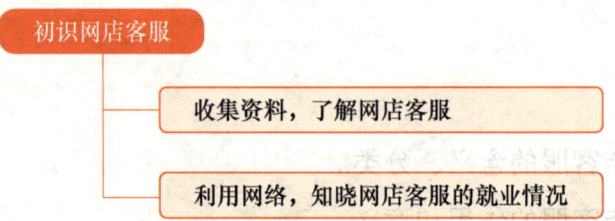

图1-1　利用百度搜索引擎收集网店客服信息

（2）浏览、筛选信息。在百度为你找到的与"网店客服"相关的信息中进行浏览、筛选，查看相关信息，如图1-2所示。

图1-2　网店客服信息收集页面

📖 小知识

如何判断信息的真实性

网络共享性与开放性使得人人都可以在互联网上获取和存放信息，由于没有质量控制和管理机制，这些信息没有经过严格编辑和整理，各种不良和无用的信息大量充斥在网络上，形成了一个纷繁复杂的信息世界，给用户选择、利用网络信息带来了障碍。

收集信息要判断信息的真实性：①信息的真实性首先是指信息中所涉及的事物是客观存在的，以及构成信息的各个要素都是真实的。②判断信息的真实性要查看信息的来源，并对信息提供者的身份、背景等因素进行考查。③要判断信息要素是否齐全。④对于信息中的引语、背景资料等也应进行考查。

素养之窗

随着互联网的深入发展，宪法赋予公民的言论自由权行使的空间随之拓展，网络言论自由成为其主要表现形式。发表看法本是言论自由的体现，但是言论自由应有限度。

我国《宪法》规定，中华人民共和国公民有言论的自由。但言论自由并不是什么话都能说，稍不注意，放飞自我的言论就可能涉嫌违法犯罪。比如网络上一些恶意猜测、捏造事实等行为，就是法律所禁止的行为。

我国《宪法》也规定，中华人民共和国公民的人格尊严不受侵犯。禁止用任何方法对公民进行侮辱、诽谤和诬告陷害。否则，轻则需要承担侵权民事责任，重则需要承担刑事责任。

我国《刑法》规定，以暴力或者其他方法公然侮辱他人或者捏造事实诽谤他人，情节严重的，处三年以下有期徒刑、拘役、管制或者剥夺政治权利。

网络空间可以言论自由，但不是法外之地，恶意的网暴行为要承担法律责任，网民要注意自己的言行，可以伸张正义，但不可造谣生非，做到文明上网、理性发言，让整个网络空间向上、向好发展，让网络充满爱！

（3）查看网店客服的含义。单击"网店客服-百度百科"链接，进入百度百科关于"网店客服"介绍页，查看相关信息。

小提示

百度百科是百度公司推出的一部内容开放、自由的网络百科全书平台，旨在创造一个涵盖各领域知识的中文信息收集平台。

（4）利用其他渠道收集"网店客服"的信息，记录操作过程（至少通过两种渠道收集信息）。

1）渠道一：_____

2）渠道二：_____

（5）给"网店客服"下个定义。

网店客服是指_____

二、利用网络，知晓网店客服的就业情况

本环节以招聘网站智联招聘和前程无忧为例，分别了解、分析网店客服就

业信息。

走进企业

智联招聘介绍

智联招聘成立于1994年，是国内最早、最专业的人力资源服务商之一，是中国领先的职业发展平台，为用户的整个职业生涯提供相关职业及发展机会。截至2023年12月，智联招聘拥有超过3.21亿职场人用户，累计合作1 176万企业用户。智联招聘拥有6 000余名员工，专业的顾问团队通过35家分公司提供属地化服务，业务遍及全国200多个城市。

（一）进入智联招聘，查看网店客服职位就业情况

（1）进入智联招聘主页。可利用搜索引擎搜索进入智联招聘主页，也可直接在浏览器的地址栏中输入智联招聘网址https://www.zhaopin.com，进入智联招聘主页，如图1-3所示。

图1-3　智联招聘主页

（2）查看网店客服职位信息。在主页搜索栏中输入"网店客服"，单击"搜索"按钮，查看网店客服职位相关信息，结果如图1-4所示。

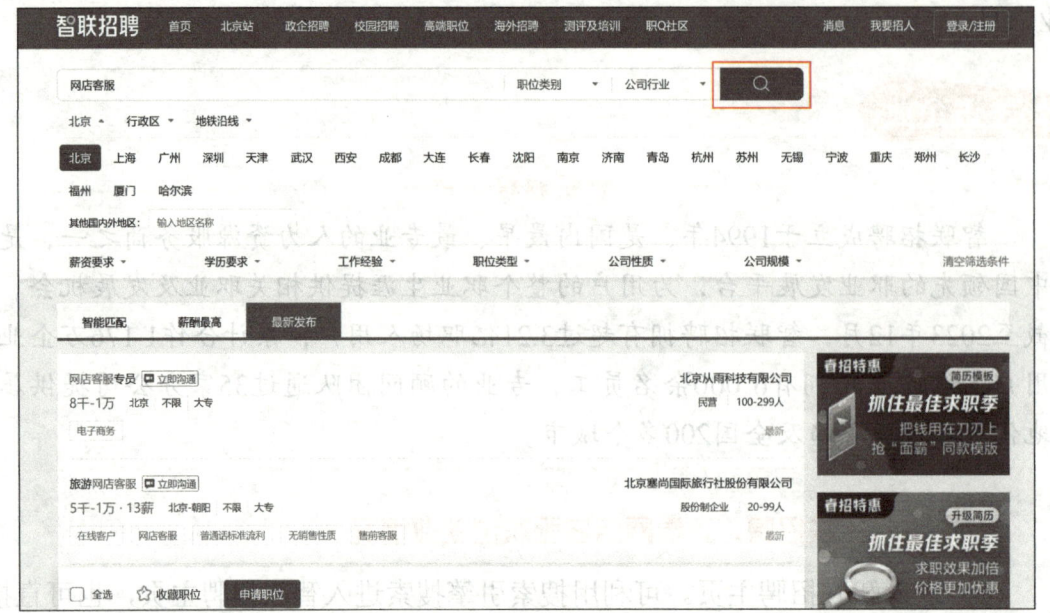

图1-4 智联招聘网店客服职位信息

（3）查看当地网店客服职位描述信息。单击任意一个你感兴趣的链接，查看相关内容。若想查看"网店客服专员"，则可单击相关链接进入，结果如图1-5所示。

图1-5 智联招聘网店客服职位描述信息

项目一　网店客户服务概述

（4）分析信息，完成统计表。在充分了解信息的基础上，对收集到的信息进行分析，完成表1-1的填写。

表1-1　网店客服招聘信息统计表

基本条件	职位福利	岗位职责	岗位要求

（二）进入前程无忧，查看网店客服职位就业情况

● 走进企业

前程无忧介绍

前程无忧是一家集多种媒介资源优势于一体的专业人力资源服务机构。它集合了传统媒体、网络媒体及先进的信息技术，加上一支经验丰富的专业顾问队伍，提供包括招聘猎头、培训测评和人事外包在内的全方位专业人力资源服务。2004年9月，前程无忧成为首个在美国上市的中国人力资源服务企业，是中国最具影响力的人力资源服务供应商之一。

（1）按进入智联招聘查看信息的操作步骤，查看前程无忧（http://www.51job.com）网店客服职位就业情况信息，完成表1-2"岗位基本要求"列的填写。

（2）结合个人情况，对本人是否适合网店客服岗位要求进行分析，完成表1-2"个人情况"列的填写。如果还有一定的差距，请为自己制订一个提升计划，填写在表1-2"提升计划"列中。

表1-2　网店客服岗位要求汇总表

序　号	岗位基本要求	个人情况	提升计划
1			
2			
3			
4			
5			

知识链接

一、客户服务

1. 客户服务的含义

（1）客户。客户就是企业需要服务的对象。按不同的划分标准，客户有不同的分类，如按客户所处的位置，可分为外部客户和内部客户；按客户所处的时间状态，可分为过去客户、现在客户和将来客户；按客户表现类型，可分为要求型客户、困惑型客户和激动型客户。

（2）服务。服务是指为一定的对象工作。经济组织提供的服务为有偿服务，非经济组织提供的服务为无偿服务。

（3）客户服务。客户服务（Customer Service）简称客服，是指一种以客户为导向的价值观，是企业通过营销渠道，为满足客户的需求，提供的包括售前、售中、售后等一系列服务的过程。广义而言，任何能提高客户满意度的内容都属于客户服务的范围。

简单来说，客户服务就是为公司的客户提供他们所需的服务，维护公司与客户之间的关系。客户服务的目的是满足客户的服务需求，企业为客户提供优质的服务，最终目的就是要达到客户满意。

素养之窗

　　习近平总书记在纪念马克思诞辰200周年大会的重要讲话中指出：学习马克思，就要学习和实践马克思主义关于坚守人民立场的思想。人民性是马克思主义最鲜明的品格。我们要始终把人民立场作为根本立场，把为人民谋幸福作为根本使命，坚持全心全意为人民服务的根本宗旨。

客户服务的本质是挖掘客户深层次需求,提升客户满意度。以马克思主义人民观重要思想为指导,树立正确的服务思想、强烈的服务意识,即以满足客户需求为出发点,为客户提供个性化、定制化服务,真正做到以人为本,注重人的生命与价值,将人置于至尊至重的地位。这样不仅有助于提升企业产品或服务质量、品牌价值及社会影响力,还有助于大幅提升社会整体利益。

2. 客户服务工作的主要内容

客户服务工作的主要内容包括以下三点:售前咨询、售中引导、售后服务,如图1-6所示。

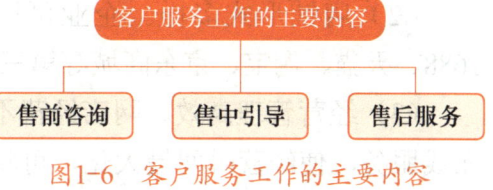

图1-6 客户服务工作的主要内容

(1)售前咨询。售前咨询是企业争取客户的前置工程,主要工作是收集客户信息、联系客户、了解客户的需求。

(2)售中引导。售中引导是客户检验企业能力的关键,主要工作是为客户讲解公司的产品或服务,引导客户完成消费。

(3)售后服务。售后服务是企业使客户忠诚的核心,主要工作是解决客户存在的问题,为客户提供满意的解决方案,以及对客户进行回访。

在企业客户服务过程中,售前、售中、售后都是帮助客户解决问题的,企业和具体客户服务工作人员都要有将客户满意作为工作动力的强烈动机。

二、网店

1. 网店的含义

网店,全称为网络店铺,也称网上商店、虚拟商店等,是指在网上开设的店铺,是随着互联网的发展而逐步走向人们生活的一种新兴的商业活动,能够让人们在浏览的同时进行实际购买,并且通过各种支付手段进行支付,完成交易全过程的网站。

2. 网店的优势

与传统实体商店相比,网店主要具有的优势,如图1-7所示。

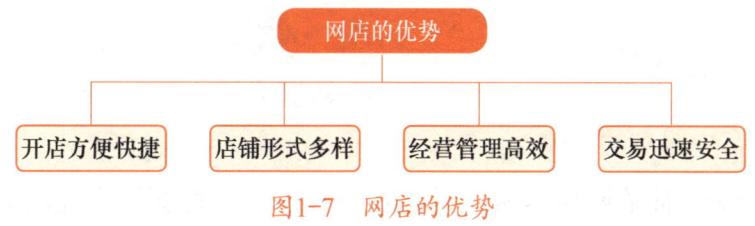

图1-7 网店的优势

（1）开店方便快捷。与开实体店铺不同，开网店可以不用注册公司，无须实体店铺，无须库存等。

如个人在网上开店，只需一台计算机或手机，联网后选择并进入一个电子商务平台，完成注册登录，选择"创建个人店铺"或"我要开店"，然后按提示填写信息、上传资料、完成认证并提交申请，通过审核后，就可以上架商品并进行网上销售了。

（2）店铺形式多样。企业可以自建网站开设网店，也可以利用阿里巴巴1688、天猫、淘宝、京东商城等第三方平台开设店铺。

（3）经营管理高效。网店经营不受时间和空间的限制，理论上可实现24小时在线服务，使经营时间最大化，可将自己的产品或服务销售给世界各地有网络的顾客，获得更多的生意机会。网店无须大量工作人员进行采购、上货、销售等工作，一切都可在网上进行，节约大量人力和物力。

（4）交易迅速安全。网上交易买卖双方无须见面，通过网络即可达成意向，完成电子支付，最后物流把货品送到买家的手中。整个交易过程方便、迅速，电子支付相对比较安全。

3．网店的分类

（1）按网站性质不同，网店可分为自建网站型网店和借助第三方平台型网店。

自建网站型网店需要专业的技术人员，往往需要投入大量的人力与财力，如海尔网上商城、唯品会等。

借助第三方平台型网店的建店门槛相对较低，操作简单，只需在服务提供商网站完成注册和开店操作即可开始经营。

（2）按网店交易对象不同，网店可分为B2B型、B2C型、C2C型网店。

B2B型网店是指主要是做批发业务的网店，如借助阿里巴巴1688、慧聪网等平台开设网店。

B2C型网店主要是指商家开展零售业务的网店，如京东、天猫、唯品会等。

C2C型网店是个人借助第三方平台开设网店，如在淘宝网开设网店或利用微信开设微店等。

三、网店客户服务

1．网店客户服务的含义

网店客户服务简称网店客服，是指在开设网店这种新型商业活动中，充分利用各种通信工具并以网上即时通信软件（如阿里旺旺、QQ、京东咚咚）为主，为客户提供产品介绍、问题解答和售后服务等相关服务。

> **小知识**
>
> **即时通信软件**
>
> 即时通信（Instant Messaging，IM）是一个终端服务，允许两人或多人使用网络即时地传递文字信息、档案、语音与视频交流。
>
> 最早的即时通信软件是ICQ，"ICQ"是英文I seek you的谐音，意思是"我找你"。四名以色列青年于1996年7月成立Mirabilis公司，并在同年11月发布了最初的ICQ版本，在6个月内有85万用户注册使用。1998年，当ICQ注册用户数达到1 200万时，AOL公司以2.87亿美元的价格将其收购。2008年，ICQ有1亿多用户，主要市场在美洲和欧洲。在中国，腾讯公司于1999年2月推出的腾讯QQ迅速成为我国最大的即时通信软件。

2. 网店客服的分类

网店客服主要分为人工客服和智能客服，其中人工客服又可细分为文字客服、视频客服和语音客服三类。

网店客服的分类

随着电子商务的快速发展，网购成为人们生活的一部分。在一些专业网站、网店，店主为了给顾客提供更优质的服务，对客服的分工已经达到相当细致的程度。

按不同的划分标准，网店客服分为不同的类型，本书主要介绍以下三种划分标准及类型。

（1）按网络交易流程分类。按网络交易流程的不同，网店客服可分为售前客服、售中客服和售后客服三种，如图1-8所示。

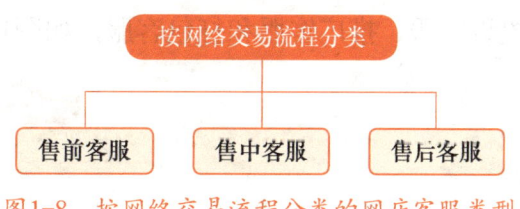

图1-8 按网络交易流程分类的网店客服类型

1）售前客服是指利用网络接待客户，并通过一定的沟通技巧获取信息，为客户提供产品介绍、产品推荐，以及解决客户疑问等服务，促使客户做出购买决定，促成订单的服务人员。

2）售中客服的主要工作是对有效订单的处理，包括确认订单、核对信息、下单发货等。

3）售后客服的主要工作内容是对交易纠纷的处理，包括退换货处理、退款处理、应对投诉纠纷和评价管理等。

小提示

按网络交易流程不同对网店客服的分类，除上述售前、售中、售后客服的划分方法外，有学者认为提交订单前的工作属于售前客服工作范畴，催付、打单发货、物流跟踪等属于售中范畴，客户签收后的内容属于售后的范畴；也有学者认为售前售中以付款为界，售中售后以发货为界。各观点均有一定的道理，学习中重点掌握各交易流程中客服具体工作内容即可。

目前，我国电商企业在实际经营中设置客服岗位时，大部分以客户签收为界，分为售前客服和售后客服岗位。企业在设置客服工作岗位时，可结合企业特点，考虑客服工作内容前后衔接的顺畅性，选择适合自身企业的划分方法即可。

（2）按使用工具分类。按使用工具的不同，网店客服可分为电话客服和网络客服，如图1-9所示。

1）电话客服的主要工作内容是通过电话与客户进行沟通交流、回访调查、维护客户关系等。

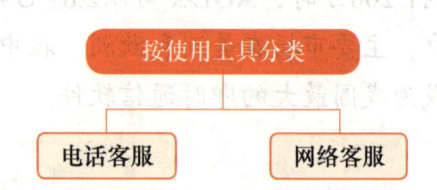

图1-9 按使用工具分类的网店客服类型

2）网络客服又包括网站在线客服和利用即时聊天工具为客户提供服务的客服。网站在线客服利用的是一种网页版即时通信软件，相比其他即时通信软件（如QQ、阿里旺旺等），它可以实现和网站的无缝结合，为网站提供和访客对话的平台，网站访客无须安装任何软件即可通过网页进行对话。

（3）按工作内容分类。按工作内容的不同，网店客服主要可分为销售客服、投诉客服、推广客服和打包客服，如图1-10所示。

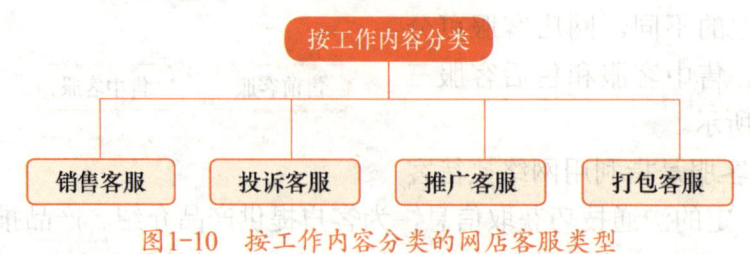

图1-10 按工作内容分类的网店客服类型

1）销售客服又称导购客服，主要负责网店的销售工作，帮助买家更好地挑选商品。

2）投诉客服的主要工作是处理客服的投诉及中差评。

3）推广客服的主要工作是负责网店的营销与推广。

项目一 网店客户服务概述

4）打包客服就是在客户下单付款后，按照订单帮助店主进行打包工作的客服。

另外，网店客服还可以按照工作时间划分为全职客服和兼职客服。在市场对全职客服需求增加的同时，伴随着网络购物节的不断发展，兼职客服的需求也大量增加，一些在校学生的加入充实了兼职客服团队的力量。

小知识

网络促销

网络促销是指利用计算机及网络技术向虚拟市场传递有关商品和劳务的信息，以引发消费者需求，唤起购买欲望和促成购买行为的各种活动。

小经验

大促客服

客服作为店铺的门面，是与客户互动的第一桥梁，是大促活动的重中之重。大促客服即在大促活动中从事客户服务工作的人员，团队由企业专职客服和临时招聘的兼职客服组成。

2009年，淘宝尝试"双11"概念，提出在11月11日进行"大促"，当年的销售额是5 000多万元；网购狂欢节引爆了这个时间点的网络消费热情，并且一发不可收拾。目前，越来越多的商家加入"京东618""双11购物狂欢节""双12购物狂欢节"等电商节活动中，并希望在大促的时候获得不错的业绩。参加大促，网店原有客服力量是绝对不够的，一般情况下商家会在大促前招聘兼职客服，并对其进行培训。商家往往和当地开设电子商务专业的中高职院校签署相关协议，在大促期间会有在校学生充实到客服团队中。

3. 网店客户服务的内容

网店客户服务过程实质上是满足客户除产品以外的其他派生需求的过程。根据用户上网购物所产生的需求不同，网店客户服务的内容主要表现为两个方面，见表1-3。

表1-3 网店客户服务的内容

服务内容	详细介绍
全方位的信息服务	用户做出购买决策需要了解产品或服务比较全面的信息，以增强决策的科学性。网店客服需要具备为客户提供全面而详细的产品信息和服务的能力
针对性的个性化服务	电子商务时代是一个服务需求多样化、个性化的时代。网店一对一的服务很好地满足了用户个性化需求，客服应重视客户的需求差异，有针对性地为每个客户的不同需求提供相应的服务

网店要做得成功,一定要做好客户服务工作,要加强对员工的培训,强化服务理念,提高员工素质和服务质量,以提升客户信任度和满意度,最终达到提升企业竞争优势的目的。

4. 网店客服的作用和意义

客户服务已经成为企业提高综合竞争能力的手段之一。如今市场竞争越发激烈,大多数企业认为,企业真正的盈利模式是不断地为客户创造价值。因此,企业之间除了在产品的质量和价格方面进行角逐外,越来越注重客户服务。一个网店生意的好坏,不仅涉及主营商品的类型、产品价格、店铺装修设计、经营理念和推广方式等方面,网店客服的服务质量也起着至关重要的作用。

网店客服在网店的推广、产品的销售以及售后的客户维护方面均起着极其重要的作用。一个好的客服就是公司的形象,一个会讲话的客服将会给公司带来更多的客户,一个耐心周到的客服将会让客户感到安心,对产品的使用也会更放心。网店客服的作用和意义主要体现在四个方面,如图1-11所示。

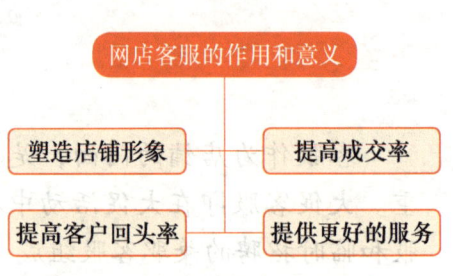

图1-11 网店客服的作用和意义

(1)塑造店铺形象。网上店铺不同于实体店铺,网络消费者既看不到网店工作人员,也看不到实体产品,看到的只是一张张产品图片或一段商家拍摄的产品视频,无法了解各种实际情况,因此往往会犹豫不决。客户通过与客服在网上的交流,可以逐步了解产品、商家的服务态度以及其他信息,客服的一个笑脸(阿里旺旺、QQ表情符号)或者一句亲切的问候,都能让客户真实地感觉到他不是在跟冷冰冰的计算机和网络打交道,而是跟一个善解人意的人在沟通,这样会帮助客户放下戒备,从而在客户心目中逐步树立起店铺的良好形象。

(2)提高成交率。网络消费者在购买之前往往会针对不太清楚的内容询问商家,如产品内容或店铺的优惠措施等。如果客服一直在线,并能够快速回复客户的疑问,可以让客户及时了解需要的内容,从而立即达成交易。

针对不同的客户,客服需要不一样的沟通方式,例如:当客户对产品本身没有疑问,仅仅是想确认一下商品是否为正品,这个时候在线客服的及时回复、礼貌热情可以打消客户的顾虑,促成交易;而当面对一个犹豫不决的客户,有着专业知识和良好销售技巧的客服可以帮助买家选择合适的商品,促成客户的购买行为,从而提高成交率。有时候客户拍下商品,但并不立即付款,这时候在线客服可以及时核实跟进,通过向买家询问未付款原因、强调现在付款可优先发货等促使买家及时付款，促成交易。

（3）提高客户回头率。当客户在客服的优质服务下完成了一次良好的交易后，客户不仅了解了商品的质量、物流服务等，更是对卖家的服务态度有了切身的体会。当客户需要再次购买同样商品的时候，就会倾向于选择他所熟悉和了解的卖家，从而提升了客户回头率，提高了客户黏性。

客服在解答客户疑问，促成客户做出购买决定，完成交易的同时，应该像朋友一样给客户更多的购物建议，解答更多疑问，包括物流、售后等。有的客服会推介客户买适合的产品，并给予客户很好的建议，即使客户没有买自己家的产品，也会觉得客服是专业且无私地为他服务。

（4）提供更好的服务。如果把网店客服仅定位于和客户的网上交流，那么这只是服务的第一步。一个有着专业知识和良好沟通技巧的客服，可以给客户提供更多的购物建议，更完善地解答客户的疑问，更快速地对买家售后问题给予反馈，从而更好地服务于客户。只有更好地服务于客户，才能获得更多的销售机会。

小知识

平台客服

所有的电子商务平台都有自己的平台客服，他们负责招商入驻，为入驻商户提供技术支持和疑难问题解答。有的平台客服通过电话方式进行工作，也有的平台客户通过在线打字或语音方式进行工作。

平台客服已经走进我们的生活，如淘宝网的店小二，专门为淘宝网服务，他们的工作是回答、解决买家、卖家的疑难问题，并负责处理买卖双方的纠纷等。

小案例

阿芙的客服

阿芙是淘宝网畅销精油品牌之一，除了销售业绩好，阿芙的服务也一直被客户赞扬。

在阿芙有这样一个团队，团队成员每天帮助客户咨询与解答产品疑问，与客户交流谈心，甚至聊家常，还时不时给客户带去惊喜与感动，他们就是阿芙的客服。

在客服办公室的大幅海报上，有一句长长的标语："顾客是我们的衣食父母，他们有时候任性、调皮、小小霸道，但依然是我们的亲人。没有他们，客服部就不必存在了！所以即使私下里，也不应该有任何不敬！要用120%的热情来爱她们！顾客撒娇的时候，就让我们满怀爱意，笑着容纳吧！"这句口号虽然长，但确实被当成了行动准则，客服每天24小时轮班制，即便半夜有客户咨询，也能第一时间回应。除了解答客户对于产品的咨询外，还主动关心客户，与客户谈心、聊家常。

在阿芙，还有一个非常神奇的现象，就是客服们会经常收到客户给她们回寄的小礼物。只有发自内心、真诚地去对待客户，关心他们，才能得到客户用心的反馈，这也是客服团队强大工作动力的来源。

任务评价

结合理论知识学习和任务实施的具体过程，将操作内容记录在表1-4中，并对完成效果进行评价。

要求：表1-4列出的6个知识点，第2个和第5个知识点是要完成本任务必须掌握的，其他知识点有一定的了解即可；3个技能点重在信息收集能力、信息整理能力和信息分析能力的培养，分析结果是本次评价的重点。

表1-4 网店客服基础知识与技能评价表

项目	内容	简要介绍	评价				
			很好	好	一般	差	很差
知识	1. 客户服务的含义						
	2. 客户服务工作的主要内容						
	3. 网络店铺的含义						
	4. 网店客服的分类						
	5. 网店客户服务的内容						
	6. 网店客服的作用和意义						
技能	1. 信息收集能力						
	2. 信息整理能力						
	3. 信息分析能力						

项目一　网店客户服务概述

任务二　提升网店客服岗位的基本素质

情景导入

通过对"网店客服招聘信息"的收集，张婷认为自己非常适合此项工作，于是在网上投了几份简历，三天后接到了"广西五十二度电子商务有限公司"的面试通知。为了提高面试通过率，张婷继续利用网络收集相关信息。

情景分析

张婷如果想顺利通过此次面试，她需要对网店客服应该具备的基本素质、网店客服的工作内容有一定的了解，同时，她还应对"广西五十二度电子商务有限公司"的相关情况进行了解。

任务实施

任务实施导航结构图：

```
提升网店客服岗位的基本素质
  ├─ 了解网店客服应具备的基本素质
  └─ 探讨客服提升自我素质的方法
```

一、了解网店客服应具备的基本素质

利用网络搜集网店客服应具备的基本素质，完成表1-5的填写（说明：至少完成三项基本素质和具体要求的填写）。

表1-5　网店客服应具备的基本素质

序　号	基本素质	具体要求

二、探讨客服提升自我素质的方法

对照表1-5中的基本素质和具体要求,对本人进行自我分析,完成表1-6的填写。

表1-6 网店客服基本素质分析表

序 号	已具备的基本素质	尚待提升的基本素质	提 升 方 法

知识链接

网店客服的基本素质

一个合格的网店客服应该具备的基本素质主要包括心理素质、品格素质、技能素质和综合素质等,如图1-12所示。

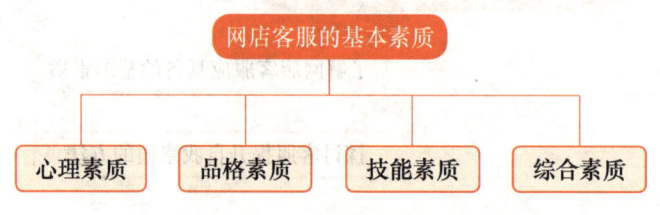

图1-12 网店客服应具备的基本素质

1. 心理素质

网店客服应该具备良好的心理素质,因为在客户服务过程中,承受着各种压力、挫折,没有良好的心理素质是不行的。具体为:处变不惊的应变能力,挫折打击的承受能力,情绪的自我控制及调节能力,满负荷情感付出的支持能力,积极进取、永不言败的良好心态。

2. 品格素质

(1)要热爱企业、热爱岗位,有强烈的集体荣誉感。一名优秀的网店客服人员应该对其所从事的客户服务岗位充满热爱,忠诚于企业的事业，兢兢业业地做好每件事。

（2）要有良好的服务态度。客服应该具备对客户热情主动的服务态度，充满激情，让每位客户感受到客服热情周到的服务，在接受客服的同时接受企业的产品；客服还应该有谦和的态度，谦和的服务态度是赢得客户服务满意度的重要保证。客服要拥有博爱之心，真诚地对待每一个人，并且要勇于承担责任。

（3）要有良好的自控力。自控力就是控制好自己情绪的能力，客服首先要有一个好的心态来面对工作和客户，客服的心情好了也会带动和感染客户。毕竟网上形形色色的人都有，有好说话的，也有不好说话的，遇到不好说话的，客服就要控制好自己的情绪，耐心地解答，有技巧地应对。忍耐与宽容是优秀网店客服人员的一种美德。

素养之窗

"敬业"是社会主义核心价值观的基本内容之一，也是社会主义职业道德的核心理念，是"工匠精神"的核心。宋代理学家朱熹说："敬业者，专心致志，以事其业也。"

爱岗敬业，即热爱自己的工作岗位，有敢于担当、坚守岗位的职业操守；有直面问题、迎难而上的职业勇气；有锐意创新、开拓进取的职业精神。对待本职工作，应常怀敬畏之心，专心、守职、尽责、任劳任怨、精益求精，努力成为本行业的行家里手。

优质服务是企业参与竞争的王牌武器，是企业不断发展壮大的基石。优质服务更多依赖于客服人员的综合素质。一名优秀的客服人员，应具备强烈的爱岗敬业精神、饱满的工作热情和认真的工作态度；练就善于倾听客户、了解客户、沟通客户的扎实基本功；同时应修炼良好的心理素质，较强的沟通协调力、洞察判断力、坚忍执着力和自制自控力。

3. 技能素质

（1）丰富的专业知识。客服对于自己经营的产品应具有一定的专业知识，如果对自己的产品都不了解，就无法保证第一时间回答客户对产品的疑问。

（2）良好的沟通能力及技巧。良好的沟通是促成交易的重要因素之一，在整个销售过程中与买家保持良好的沟通是保证交易顺利进行的关键。售前、售中客服与买家进行良好的沟通，有利于帮助买家选择适合的商品，促成交易的顺利完成；售后客服与买家保持良好的沟通，有利于帮助买家解决问题，提升客户满意度，建立良好客户关系。优秀的客服人员还应具备高超的语言沟通技巧及谈判技巧，只有具备这样的素质，才能让客户接受企业的产品和价格。

（3）敏锐的观察力和洞察力。网店客服人员还应该具备敏锐的观察力和洞察力，只有这样才能清楚地知道客户购买心理的变化。了解了客户的心理，才可以有针对性地对其进行引导。

4. 综合素质

（1）要有"客户至上"的服务观念。客户至上不是客户要求什么，客服就给什么。树立客户至上的服务观念，首先要了解客户的需求，然后根据客户的需求和消费能力推荐最适合的产品，并合理地引导客户了解产品、解答客户问题、打消疑虑。

（2）要有独立处理日常工作的能力。作为网店客服，都是一对一地为客户提供服务，因此客服必须要具有独当一面的能力，要会处理客户服务中的常见问题并能解决一定的棘手问题。

（3）要有分析解决各种问题的能力。客服不仅要做好常规的客户服务工作，还要善于思考，具有分析解决问题的能力，能提出合理化的建议，帮助客户去分析解决一些实际问题。

（4）要有良好的人际关系协调能力。客服不但需要做好本职工作，还要善于协调同事之间的关系，以达到提高工作效率的目的。一般店铺有售前和售后客服之分，工作中会有很多客户转接及沟通，同事关系的好坏会直接影响店铺客户服务的工作效果。

小经验

金牌客服

按照客服入职的年限和自身具备的业务能力，网店客服通常分为初级客服、中级客服和金牌客服。无论是什么级别的客服，企业对客服人员的要求基本相同：了解电子商务礼仪，对电子商务销售有一定的基础；能够熟练地利用电子商务平台和客户进行有效的沟通；了解平台下单流程和商品基本常识，熟悉商品规格及参数；能及时地指导客户完成下单；在本职岗位能够很好地、有针对性地进行品牌宣传；配合公司各项（促销）工作的展开、反馈客户的需求；服从公司的管理，切实维护公司利益。

金牌客服在胜任普通客服工作的基础上，还要具有以下能力：能协助主管完成部门的管理工作，具有对新进员工的培训管理能力；能够对每个月客户情况做到反馈和统计；能够协调各个部门处理有关问题；能够独立带领客服团队出色地完成主管安排的任务。

> 知识拓展

网店客服绩效考核

绩效考核是指企业在既定的战略目标下，运用特定的标准和指标，对员工的工作行为及取得的工作业绩进行评估，并运用评估的结果对员工将来的工作行为和工作业绩产生正面引导的过程和方法。

网店客服绩效考核是对网店客服的工作业绩、工作能力量化的形式，通过各量化指标的考核，可以检测客服人员的工作业绩、工作态度和工作能力。网店客服的考核指标主要包含4个方面，如图1-13所示。

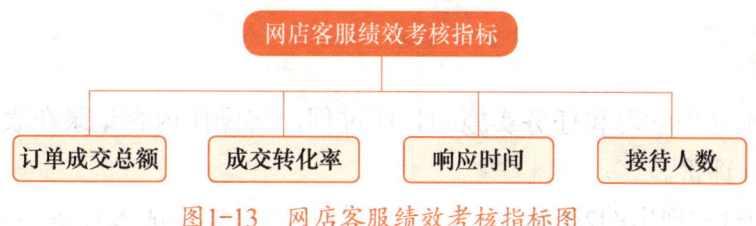

图1-13　网店客服绩效考核指标图

1. 订单成交总额

订单成交总额是指在公司规定时间内商品交易的总金额，作为客服的绩效考核因素是客服工作效果的直观反映，也最能体现该客服为公司创造的价值。但每个客服接待的客户的购买能力存在差异性，如果仅通过订单成交总额来评价某个客服的工作效率是不够的。比如，客服A接待的客户购买能力强，可能会带来高价产品的销售；而客服B接待的是消费能力低的客户，那么客服B的销售总额是要低于客服A的，但我们不能说B就一定比A差。所以，企业只把订单成交总额作为绩效考核的指标之一。

2. 成交转化率

成交转化率是指到店铺浏览或咨询并产生购买行为的人数与到达店铺的总人数的比率。

计算方法：成交转化率=（产生购买行为的客户人数/所有到达店铺的访客人数）×100%

3. 响应时间

响应时间包括首次响应时间和平均响应时间。首次响应时间是指客服第一次对客户回复用时的平均值。平均响应时间是指客服对客户每次回复用时的平均值。响应时间没有标准的考核值，企业根据经营的商品类别，确定对客服响应时间的考核标准。通常，响应时间受到工作繁忙、店内做促销活动、流量高峰期等因素影响。

订单成交总额和成交转化率都是按照客服工作效果来进行考核的，响应时间反映出客服的工作效率，同时更快的响应时间也能带来更好的用户体验。

4．接待人数

接待人数是指客服在一定时间内接待客户的数量。企业把接待人数列为客服考核的指标，希望给客服一些工作压力。接待人数是上述这些指标中的一个压力机制。但是，接待的人数越多，并不意味着一定会为店铺带来更多的转化率和更高的收益。

任务评价

结合理论知识学习和任务实施的具体过程，将操作内容记录在表1-7中，并对完成效果进行评价。

要求：表1-7列出的2个知识点，第1个知识点是要完成本任务必须掌握的，第2个知识点有一定的了解即可；3个技能点重在信息分析能力的培养。

表1-7　网店客服岗位素质知识与技能评价表

项目	内容	简要介绍	评价				
			很好	好	一般	差	很差
知识	1．网店客服的基本素质						
	2．网店客服绩效考核的主要内容						
技能	1．信息收集能力						
	2．信息整理能力						
	3．信息分析能力						

项目二
售前准备及咨询接待

项目导学

网店售前客服利用网络接待客户,并通过一定的沟通技巧获取信息,为客户提供产品介绍、产品推荐,以及解决客户疑问等服务,促使客户做出购买决定,促成订单。售前客服接待的好坏不仅直接影响店铺的销量,还对品牌形象、店铺信誉等产生影响。

通过本项目的学习,你会对第三方电子商务平台、天猫规则、天猫平台常见活动方式、售前客服必备知识、售前客服必须掌握的工具、售前接待流程和沟通技巧有一定的了解,在今后接待客户时知道如何应对。

项目目标

- ◆ 了解第三方电子商务平台的含义。
- ◆ 了解天猫规则,会规避交易风险。
- ◆ 熟悉千牛工作台营销模块相关内容。
- ◆ 掌握售前客服必备的专业知识。
- ◆ 熟练应用客服常见工具,提高接待效率。
- ◆ 学会更好地与客户沟通,更好地服务客户。
- ◆ 提升自我保护意识和风险防范能力,树立和践行绿色消费理念。
- ◆ 增强文明上网意识和社会责任感。
- ◆ 培养务实肯干、坚持不懈、精益求精的爱岗敬业精神。

网店客户服务（项目式教材） 第2版

任务一　熟知第三方平台规则

情景导入

张婷收到了广西五十二度电子商务有限公司的录用通知书，上班第一天就接受员工培训，培训老师布置的第一个任务是熟悉天猫规则，然后接受测试。于是张婷打开计算机，开始收集、查看天猫规则，希望能在测试中取得好成绩，给培训老师及公司留下好印象。

情景分析

张婷可进入天猫官方网站查看天猫规则；要想在测试中取得好成绩，要重点关注与企业利益息息相关的"处罚方式"介绍，学习如何规避违规行为。

任务实施

任务实施导航结构图：

```
熟知第三方平台（天猫）规则
    ├── 了解天猫规则的内容
    └── 规避常见的违规行为
```

越来越多的企业利用第三方平台开展网络营销活动，本环节以服务于品牌及零售商的第三方平台天猫为例，了解天猫规则，掌握天猫规则中的处罚方式，学习常见规避违规的方法等，为做一名合格的天猫客服进行一定的知识储备。

走进企业

天猫介绍

天猫创立于2008年，是服务于品牌与零售商的第三方线上及移动商业平台。天猫服务于消费者对更高品质的商品、更极致的购物体验的持续追求，数十万国际与中国品牌和零售商已入驻天猫，向中国及海外消费者供应海内外品牌商品以及传统零售店无法提供的商品。天猫是品牌的首选合作伙伴，通过消费洞察及技术能力，帮助品牌快速获客、提升品牌认知度，并进行新品的孵化和首发。由天猫首创的"双11"全球狂欢季，已经成为全球最大的购物节之一。

一、了解天猫规则的内容

在天猫平台有非常多的规则,天猫客服在学习应该怎么做之前,必须要知道什么事不能做,这是所有客服的第一课。

(1)进入天猫网站。在地址栏输入天猫网址"www.tmall.com"或利用百度搜索"天猫"官网,单击进入天猫官网首页,如图2-1所示。

图2-1 天猫官网首页

(2)进入"天猫规则"网页。将鼠标指针移至网页右侧滚动条处,拖动滚动条至网页最下方,出现如图2-2所示页面,单击"商家服务"下的"天猫规则"进入天猫规则页面查看,如图2-3所示。

图2-2 天猫官网首页底端

也可直接在浏览器中输入天猫规则网址"https://rulechannel.tmall.com",按回车键即可进入天猫规则页面。

图2-3 天猫规则页面

（3）查看天猫规则。分别查看天猫规则页中的"规则辞典""规则解读""营销规则""规则众议院""违规公示""学习中心"，认真查看规则内容，完成以下题目的填写：

1）天猫规则是为了＿＿＿＿＿＿＿＿＿＿而制定的。

2）进入"学习中心"，查看至少两项相关内容，完成表2-1的填写。

表2-1 天猫"学习中心"内容介绍

序 号	学习内容	具体介绍
1		
2		

3）进入"违规管理"→"违规处罚规则"，查看《天猫市场管理规范》中"具体市场管理情形及处理"相关内容，完成表2-2的填写。

表2-2 "具体市场管理情形及处理"的内容

序 号	具体市场管理情形	适用情形	处理措施
1			
2			
3			
4			
5			

4）进入"违规管理"→"违规处罚规则"，查看《天猫市场管理规范》中

项目二 售前准备及咨询接待

"市场管理规范措施——扣分及节点处理",完成表2-3的填写。

表2-3 天猫平台扣分及节点处理措施

商家违规行为	扣分累计节点	相应违约金金额
一般违规	12分	
	24分	
	36分	
	48分及后续每12分(即60分、72分,以此类推)	
一般违规	12分	
	24分	
	36分	
	48分及后续每12分(即60分、72分,以此类推)	

5)进入"规则辞典"→"违规管理",了解"违规处罚实施细则",查看至少三项内容,完成表2-4的填写。

表2-4 天猫违规处罚实施细则解读

序 号	细则名称	细则解读
1		
2		
3		

二、规避常见的违规行为

(1)严重违规行为。阅读下面的案例,分析此行为属于何种违规行为?该如何规避?

小案例

买家A买东西,用B的账号拍下,后用A的账号和商家客服核对地址,商家客服贴出买家B的地址后,B投诉商家泄露自身信息给A。商家在将消费者信息给到第三方的同时务必征得消费者的同意。未经同意,切勿将消费者信息泄露给第三方。

029

1）案例中的严重违规行为属于_____
2）你认为案例中涉及的严重违规行为该如何规避？
_____
_____
_____

小提示

泄露他人信息是指未经允许发布、传递他人隐私信息，涉嫌侵犯他人隐私权的行为。

2021年，天猫将"泄露他人信息"调整为"不当获取使用信息"规则。不当获取使用信息是指通过租借/共享账号、协助第三方扫描系统等方式获取平台商业信息/他人信息，或未经允许发布、传递、出售平台商业信息/他人信息，影响天猫的正常运营秩序、效率或致使平台商业信息/他人信息存在泄露风险的行为。

处理措施：违规商品或信息处置、扣分（严重违规）、公示警告。

具体处理措施：不当获取使用信息的，天猫可删除被泄露的信息，且属于严重违规，视情节轻重扣分。情节一般的，每次扣2分；情节严重的，每次扣6分；情节特别严重的，每次扣48分。对于天猫排查到的涉嫌不当获取使用信息的会员，天猫视情节严重程度可采取公示警告等措施。

要规避泄露他人信息这项违规行为，一定要留意，与客服核对信息或修改信息的客户是否是拍下付款的客户本人，如果不是，就礼貌拒绝。例如，可以使用话术："亲，非常抱歉，为了保证会员信息的安全性，请用拍下付款的账号联系我们核对（修改）信息，谢谢。"

有一种例外状况，在本人同意的情况下，可以把信息告知他人。例如：A在网店成功购买宝贝后告知客服，之后B来询问收货信息的时候可以把收货信息给他。在这种经本人同意的情况下，就可以把A的收货信息告知B。

（2）一般违规行为。阅读下面的案例，分析此行为属于何种违规行为？该如何规避？

项目二 售前准备及咨询接待

小案例

买家A在阿里旺旺上询问商家B××商品今天是否可以发货，商家B表示可以，买家A随后就拍下一件货到付款的商品，要求商家发货，商家因为快递的原因无法及时发货，从而引发纠纷。商家在回答买家发货问题时，要注意问清楚买家需求，切勿随意答复。

1）案例中的一般违规行为属于_____
2）你认为案例中涉及的一般违规行为该如何规避？
_____
_____
_____

小提示

延迟发货是指除特殊商品外，商家在买家付款后实际未在48小时内发货，或定制、预售及其他特殊情形等另行约定发货时间的商品，商家实际未在约定时间内发货，妨害买家购买权益的行为。延迟发货的，商家应以发放赔付红包的方式向买家进行赔付。赔付红包面额计算标准为商品实际成交金额的30%，单笔交易最低不少于5元，同一买卖双方间且付款时间在24小时内的多笔交易合并计算最高不超过500元。延迟发货情节严重的，下架商品；延迟发货情节严重且买家发起投诉后商家未在天猫客服介入且判定投诉成立前主动处理的，除须向买家赔付外，每次扣1分（但30天内累计扣分不超过6分）。

以下不支持延迟发货赔付情形，买家发起延迟发货赔付申请的，由买卖双方自行协商处理：

（1）滥用延迟发货规则的。

（2）非基于生活消费所需进行的购买。

（3）经新闻媒体曝光、国家行政管理部门通报或经淘宝排查发现，商品本身或信息涉嫌违法违规的，为保障买家权益，天猫要求商家立即停止发货的。

（4）因水灾、火灾、地震、政府重大会议、重大赛事等特殊情形导致商家无法按照约定时间发货且向天猫报备并经天猫评估后予以准许的。

违背承诺是指商家未按照承诺向买家提供服务，妨害买家权益和/或未按照承诺向天猫履行义务的行为。商家须继续履行法定或约定的如实描述、赔付、退货、换货、维修、交付发票等义务。

知识链接

一、规则概述

1. 规则的含义

规则是指运行、运作规律所遵循的法则。规则一般指由群众共同制定、公认或由代表人统一制定并通过的，由群体里的所有成员一起遵守的条例和章程。简言之，规则是指规定出来供大家共同遵守的制度或章程。

2. 规则的特点

规则主要具有三大特点：普遍性、制约性、可变性。

（1）普遍性。规则是由于得到每个社会公民承认和遵守而存在的，是多种多样的，是规定出来供大家共同遵守的制度或章程。规则使我们的生活更加有条理，规则是普遍存在的。

（2）制约性。社会由各种规则维持着秩序，不管规则是人为设定的还是客观存在的，只要是规则，便具有制约性。因为规则都具有绝对或相对的约束力。在这种制约性中包含着个体切身的利害关系，因此规则的制约性是普遍存在的，也是不可消除的。

（3）可变性。规则不是一成不变的。有许多规则随着社会的发展相继废立，也有许多规则随着生活的需要而不断完善。

素养之窗

中国消费者协会呼吁商家和平台企业加强"自律" 消费者提升自我保护意识

中国消费者协会2022年11月25日发布的《2022"双11"消费维权舆情分析报告》显示，2022年"双11"活动期间，消费者高频吐槽主要集中在快递服务问题、促销价格争议、商品质量短板、直播销售乱象、团购安全隐忧五个方面。

中国消费者协会表示，2022年"双11"，舆情表达牵涉主体众多、槽点覆盖分散、意见指向统一的特点，充分提醒正勉力"回归本质、重启市场"的电商与平台，须从致力生态改善、优化行业格局的层面考量，主动检索问题、及时回应关切。建议舆情相关各方从以下三个方面着力。

呼吁商家和平台企业加强"自律"，切实把为消费者服务作为其商业活动的出发点和落脚点，强化诚信意识和规则意识，主动补齐在落实主体责任和对平台内经营者约束管控方面的短板，不断提升网购消费者的满意度和获得感。

呼吁不断丰富创新平台治理的"他律"手段，通过更加现代化的强监管严执法，更加全面细致的制度完善，不断推动促销规则的事前干预与事中审查，不断提升消费者救济方式的便捷性、低成本和补偿力度。

呼吁消费者不断提升自我保护意识和风险防范能力，明晰权益边界，避免盲目冲动，做到科学消费、理性维权，更加成熟自信负责地参与网络促销，同时树立和践行绿色消费理念，以更具社会责任感的消费行为拥抱消费升级。

二、电子商务网站规则

电子商务网站规则是指网站对用户（买方和卖方）增加基本义务或限制基本权利的一系列条款。

电子商务企业无论是自建平台，还是借助第三方平台开展电子商务活动，都必须遵守一定的电子商务交易规则。第三方电子商务平台按照特定的交易与服务规范，为买卖双方提供服务，会针对买卖双方制定一系列的规则，来约束买卖双方的行为。例如，第三方电子商务平台"天猫"的规则主要有卖家规则、消费者规则、交易规则、商品排名规则、评价规则、交易纠纷规则等。

电子商务平台规则

不同第三方平台的规则不尽相同，同一网站的规则也不是一成不变的，会根据具体情况发生变化，用户要不断关注网站规则变化的情况，规避违规行为。

小知识

第三方电子商务平台也称为第三方电子商务企业，泛指独立于产品或服务的提供者和需求者，通过网络服务平台，按照特定的交易与服务规范，为买卖双方提供服务的企业。服务内容可以包括但不限于"供求信息发布与搜索、交易的确立、支付、物流"。

任务评价

结合理论知识学习和任务实施的具体过程，将操作内容记录在表2-5中，并对完成效果进行评价。

要求：表2-5列出的3个知识点需要有一定的了解；2个技能点是售前客服必须掌握的，为本次评价的重点。

表2-5 第三方平台知识与技能评价表

项目	内容	简要介绍	评价				
			很好	好	一般	差	很差
知识	1. 规则的含义						
	2. 规则的特点						
	3. 电子商务网站规则的内容						
技能	1. 能够查看第三方平台规则的内容						
	2. 能够规避常见违规行为						

任务二 储备营销活动、付款及物流知识

情景导入

第一天的培训结束后，广西五十二度电子商务有限公司客服主管给新入职员工布置了一个任务：思考客服必备的知识有哪些，为第二天的培训做好准备。

情景分析

作为一名天猫客服，需要掌握的必备知识主要包括熟悉淘宝专业名词，掌握天猫店铺活动招商规则，了解物流及付款知识等。

任务实施

任务实施导航结构图：

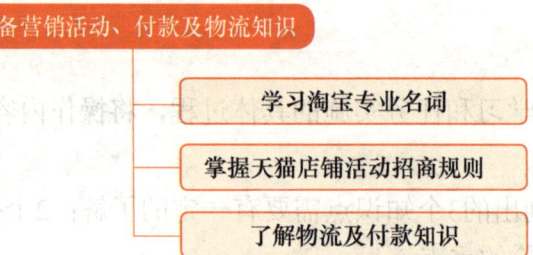

储备营销活动、付款及物流知识
- 学习淘宝专业名词
- 掌握天猫店铺活动招商规则
- 了解物流及付款知识

项目二 售前准备及咨询接待

一、学习淘宝专业名词

专业才能赢得信任。掌握行业专业知识,是客服进阶过程中必备的一环,请根据自己的理解完成表2-6第三列的填写,然后利用网络查询淘宝对专业术语的解释,填写在表中最后一列。

表2-6 淘宝专业名词介绍

序号	专业名词	个人理解	官方定义
1	用户		
2	会员		
3	买家		
4	卖家		
5	拍下		
6	订单		
7	成交		
8	下架		
9	包邮		
10	退货运费险		

二、掌握天猫店铺活动招商规则

(1)进入天猫网站。打开浏览器,在地址栏输入"www.tmall.com",按回车键进入天猫首页。

(2)进入"营销规则"页面。拖动网页右侧的滚动条至网页底端,单击"天猫规则",结果如图2-4所示,单击"营销规则",结果如图2-5所示。

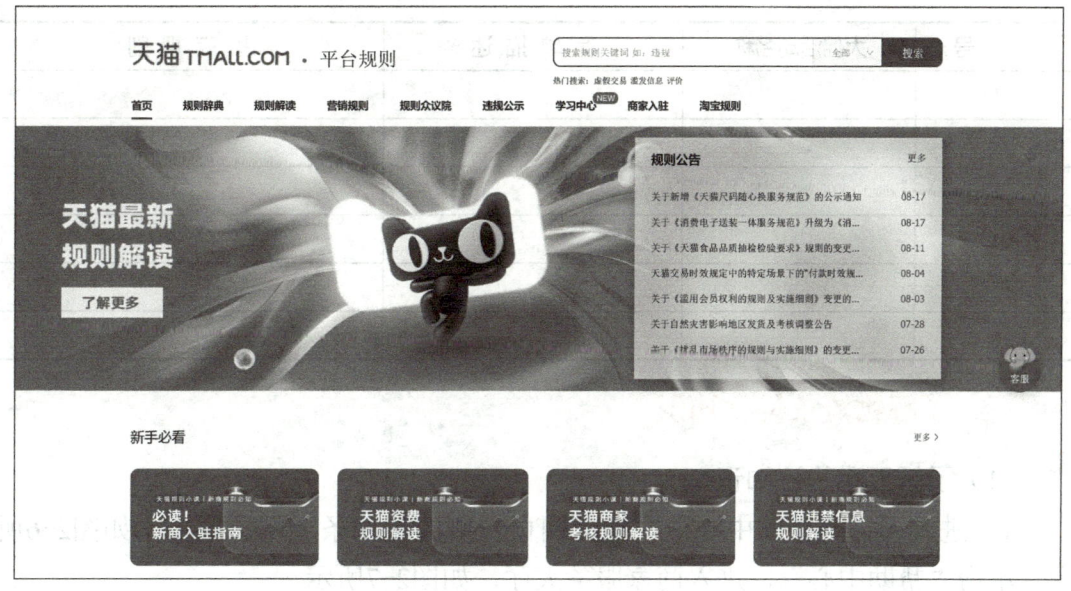

图2-4 天猫"平台规则"页面

图2-5 天猫"营销规则"页面

(3) 查看"大促活动专区"介绍。单击不同大促活动的招商规则链接,完成表2-7的填写。

表2-7 大促活动专区内容介绍

序 号	大促活动名称	简单描述	招商规则
1			
2			
3			
4			
5			
6			

三、了解物流及付款知识

(1) 了解天猫物流知识。

1) 进入天猫"帮助中心"。拖动网页右侧的滚动条至网页底端,如图2-6所示,单击"帮助中心",进入商家服务大厅,如图2-7所示。

项目二 售前准备及咨询接待

图2-6 天猫网页底端截图

图2-7 商家服务大厅

2）查看"物流服务"信息。在图2-7的搜索栏输入"物流服务"，按"回车键"开始搜索，结果如图2-8所示。查看相关信息，完成表2-8的填写。

（2）了解天猫"付款知识"。在平台运营上，淘宝与天猫共享相同的支付系统。根据掌握的付款知识，或利用网络收集相关信息，完成表2-9的填写。

037

图2-8 "物流服务"信息

表2-8 天猫物流服务介绍

序号	物流服务	简单描述
1	发货操作	
2	发货规则	
3	延迟发货	
4	物流时效	
5	运费模板	

表2-9 天猫付款知识

序号	付款方式	详细介绍	优势	不足
1	支付宝账户余额			
2	余额宝			
3	花呗			
4	网银付款			
5	快捷支付			
6	他人代付			
7	货到付款			

项目二 售前准备及咨询接待

知识链接

一、营销

营销的目的主要是销售更多的产品。下面以千牛为例,介绍相关营销内容。千牛工作台的营销模块一般分为营销活动、营销管理和营销场景三部分,如图2-9所示。

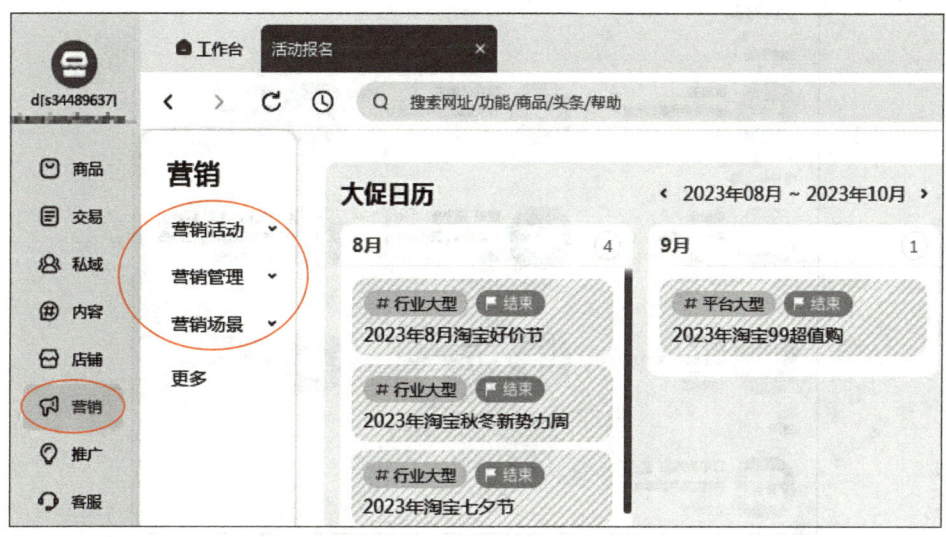

图2-9 千牛工作台营销界面

(一)营销活动

营销活动主要针对行业大型、平台大型活动,如"国庆狂欢节""618""双11"等。营销活动类型主要包括大促爆发、常态营销、主题营销,如图2-10所示。

图2-10 千牛工作台营销活动类型页面

039

(二)营销管理

营销管理主要包括营销工具、营销素材、营销费用和优惠风险。

1. 营销工具

营销工具主要针对的是店铺可以自行设置的营销活动,如优惠券、赠品、顺手买一件等,如图2-11所示。

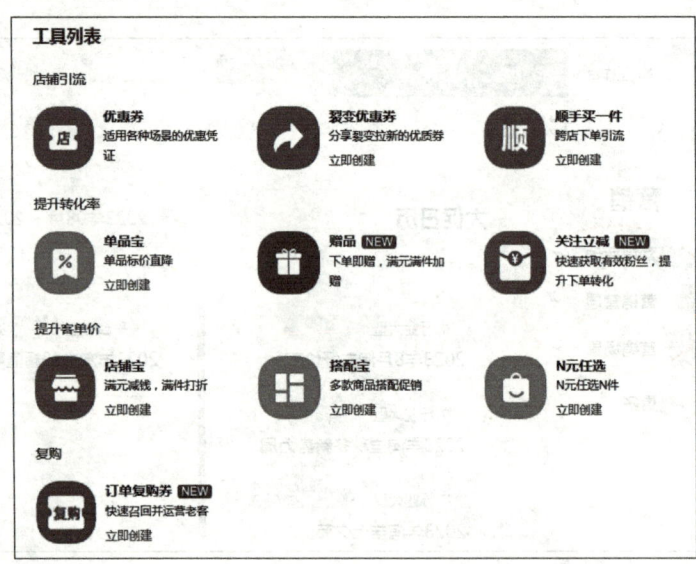

图2-11　千牛工作台营销工具列表页面

2. 营销素材

营销素材页面如图2-12所示。商家上传素材需确认签署"素材上传须知"。

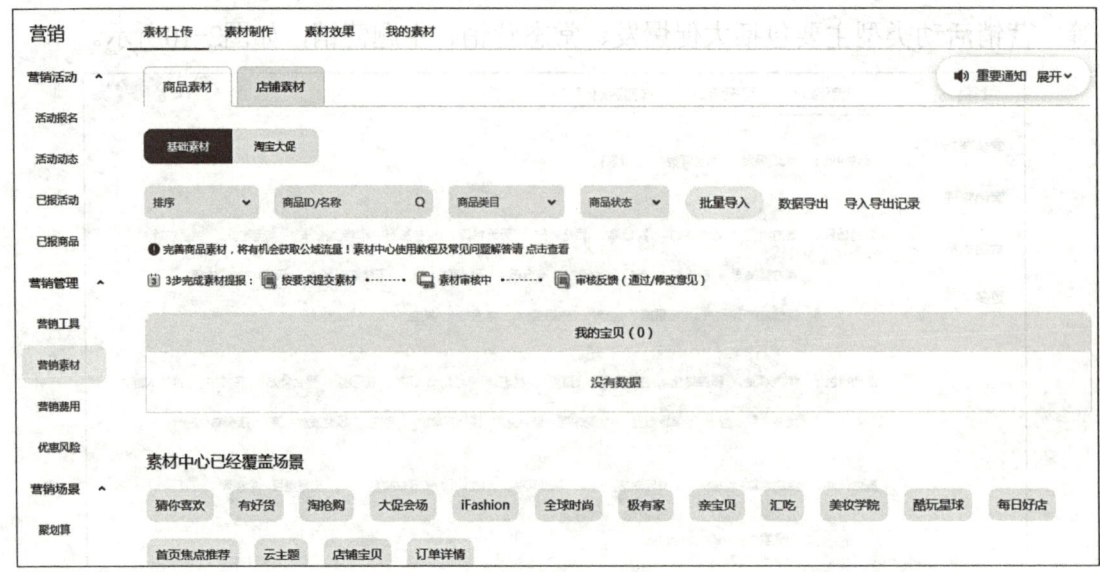

图2-12　千牛工作台营销素材页面

3. 营销费用

营销费用页面如图2-13所示，商家可查看报名活动的相关信息及付费状态。

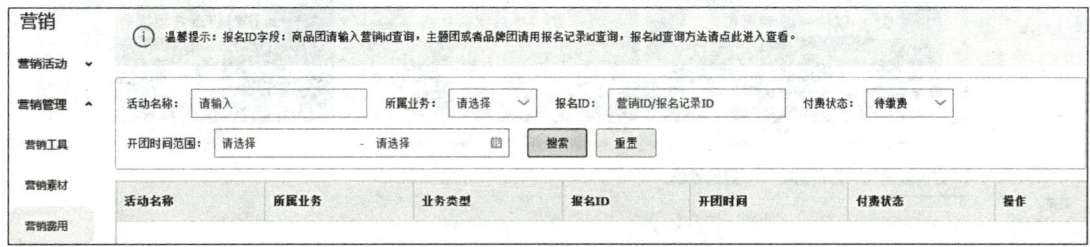

图2-13　千牛工作台营销费用页面

4. 优惠风险

优惠风险页面如图2-14所示，商家在此可进行资损风险管理、店铺活动管理，查看营销效果数据等。

图2-14　千牛工作台优惠风险页面

（三）营销场景

购物活动中经常出现的营销场景包括聚划算、天天特卖、百亿补贴、淘宝好价、淘金币等，如图2-15所示。

图2-15　千牛工作台营销场景页面

二、物流知识

客服的专业知识中，物流知识是非常重要的一个部分，因为在客服工作过程中会经常遇见客户咨询物流问题，如包邮吗？快递费用是多少？能发顺丰吗？什么时候发货？多久能到？

作为一名客服，一般要掌握以下物流知识。

1. 配送费用

配送费用一般由卖家决定是卖家承担（即包邮）还是买家支付。少数情况下买卖双方协商各自承担一定的配送费用。

包邮是指卖家对所售商品承担首次发货的运费。包邮分为无条件包邮和设置一些条件的包邮，如1件包邮、2件包邮、满88元包邮等。例如，天猫超市设置了88元包邮，很多客户有意识地购买了一些原本没打算买的商品去凑单，从而增加了客单价。

> **小经验**
>
> 包邮也是一个卖点，客服在售前咨询接待的时候，可以利用这个卖点促成交易或者进行关联销售等。

2. 发货时间

一般情况下，天猫规定对于普通商品，买家付款后24小时内上传物流单号，48小时内发货。对于定制、预售及其他特色情形等另行约定发货时间。

项目二　售前准备及咨询接待

3. 配送方式

常用的配送方式主要有：平邮、快递、物流。

（1）平邮。平邮是中国邮政一项寄送信与包裹的业务总称，是最慢的一种运送方式，但是价格比较实惠，而且网点多，适合发往偏远地区时使用。平邮一般全国7~30天到货，平邮不会送货上门，邮递员事先会将通知单发送至收件人的家庭信箱或由门卫代收，用户需要凭填好的通知单和收件人身份证去邮局领取包裹。这种方式淘宝卖家目前很少采用。

（2）快递。快递是指快递公司通过火车、汽车和飞机等交通工具，对客户货物进行快速投递，其特点是点到点，快递员投递到户，快速方便。原来快递公司发送外省件大多采用空运方式，无论省外和省内均能做到隔天到货，但价格较贵。现在高铁和高速公路发达了，采用航空运输的少了，快递价格相对便宜，但是运输时间长。常用的快递公司有：申通快递、圆通速递、中通快递、百世快运、韵达速递、EMS、天天快递、顺丰、一邦速递、宅急送等。

走进企业

顺　　丰

1993年，顺丰诞生于广东顺德。经过多年发展，已成为国内领先的快递物流综合服务商、全球第四大快递公司。顺丰秉承"以用户为中心，以需求为导向，以体验为根本"的产品设计思维，聚焦行业特性，从客户应用场景出发，深挖不同场景下客户端到端全流程接触点需求及其他个性化需求，设计适合客户的产品服务及解决方案，持续优化产品体系与服务质量。同时，顺丰利用科技赋能产品创新，形成行业解决方案，为客户提供涵盖多行业、多场景、智能化、一体化的智慧供应链解决方案。

顺丰围绕物流生态圈，横向拓展多元业务领域，纵深完善产品分层，满足不同细分市场需求，覆盖客户完整供应链条。经过多年发展，依托于公司拥有的覆盖全国和全球主要国家及地区的高渗透率的快递网络，顺丰为客户提供贯穿采购、生产、流通、销售、售后的一体化供应链解决方案。同时，作为具有"天网+地网+信息网"网络规模优势的智能物流运营商，顺丰拥有对全网络强有力管控的经营模式。

中国邮政速递物流股份有限公司

中国邮政速递物流股份有限公司（简称中国邮政速递物流）是经国务院批准，由中国邮政集团公司作为主要发起人，于2010年6月发起设立的股份制公司，是中国经营历史最悠久、网络覆盖范围最广的快递物流综合服务提供商。

中国邮政速递物流拥有中国邮政航空有限责任公司、中邮物流有限责任公司等子公司。截至2020年年底，公司注册资本250亿元人民币，员工近16万人，自营营业网点近9 000个。

中国邮政速递物流主要经营国内速递、国际速递、合同物流等业务，国内、国际速递服务涵盖卓越、标准和经济不同时限水平和代收货款等增值服务，合同物流涵盖仓储、运输等供应链全过程。

中国邮政速递物流坚持"珍惜每一刻，用心每一步"的服务理念，为社会各界客户提供方便快捷、安全可靠的门到门速递物流服务，致力于成为持续引领中国市场、综合服务能力强、具有全球竞争力和国际化发展空间的大型现代快递物流企业。

（3）物流。物流公司一般运送大宗货物，缺点是速度慢，优点为发货费用便宜。产品体积大、重量大可以采用，一般小件不选这种配送方式。常用的公司有佳吉物流、德邦物流等。

素养之窗

京东物流"责任底色"，助力社会可持续发展

2007年，京东自建物流，2017年正式成立物流集团，15年间，京东物流已完成从企业物流向物流企业的转变。京东物流自创办之初便被赋予"责任底色"。多年来，在深耕一体化供应链物流核心赛道的同时，京东物流积极承担社会责任，持续提升环境绩效、社会公益、企业治理等能力，助力社会可持续发展。

2023年年初，由《可持续发展经济导刊》发起的"金钥匙——面向SDG的中国行动"落下帷幕，2022"金钥匙·冠军奖"正式出炉。经过初选、路演、视频终选，京东物流"链网融合，架起城乡资源互通之桥""创新抗疫保供新模式，打造有责任的供应链"两项行动分别获得乡村振兴"金钥匙·冠军奖"和韧性价值链"金钥匙·冠军奖"，"青流计划"获得优胜奖。"链网融合，架起城乡资源互通之桥""创新抗疫保供新模式，打造有责任的供应链""青流计划"三项行动分别代表了京东物流在乡村振兴、抗疫保供、绿色低碳方面的创新和坚守。

多年来，京东物流积极参与突发事件的应急保障，多次第一时间参与全国抗疫保供、防汛救灾、抗震救灾等，紧急调拨救灾物资，并组织救援专车、无人机紧急驰援一线。

企业的发展要与社会及环境紧密结合起来，所以，京东物流从企业物流到物流企业再到更高层次的发展，"责任"都将始终是其"底色"！

三、付款知识

付款是购物中必有的一环，客服要熟记付款方面的知识，确保在遇到客户提问时从容应对。天猫付款方式主要分为四种：官方平台支付付款、银行卡付款、货到付款、他人代付，如图2-16所示。

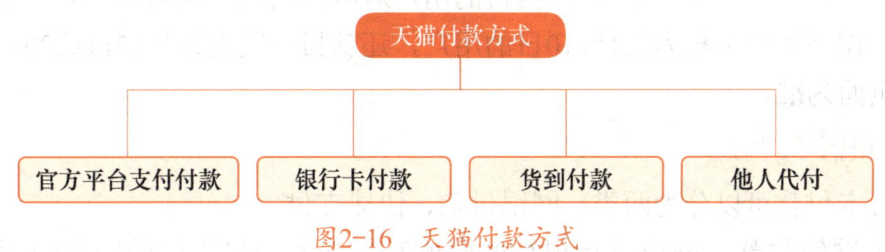

图2-16　天猫付款方式

1. 官方平台支付付款

官方平台的付款方式主要有三种，即支付宝账户余额、余额宝和花呗。

（1）支付宝账户余额。支付宝（中国）网络技术有限公司是国内领先的独立第三方支付平台，是阿里巴巴集团的关联公司。支付宝致力于为中国电子商务提供"简单、安全、快速"的在线支付解决方案。

支付宝支付方式及设置

用户通过对支付宝充值，然后使用支付宝余额进行付款。支付宝账户内的资金被称为余额。充值到余额、支付时使用余额以及余额转出都是常见的服务。银行卡中的资金可以通过网银和快捷支付的方式划转到支付宝账户。支付宝余额还可随时提现，用户可以将余额提现至自己绑定的银行卡。

（2）余额宝。余额宝是一种资金管理服务。转入余额宝，即购买货币基金，可享货币基金收益；货币基金销售服务由蚂蚁金服网商银行提供支持，由网商银行与多家金融机构合作，提供更多理财选择。货币基金主要用于投资国债、银行存款等有价证券。投资者购买货币市场基金并不等于将资金作为存款存放在银行或者存款类金融机构，基金公司不保证基金一定盈利，也不保证最低收益。

余额宝支持的转入方式：支付宝账户余额支付、储蓄卡快捷支付（含卡通）。

（3）花呗。花呗是为消费者提供"先消费、后还款"在线消费金融服务的一款产品。其特点主要表现在：

1）先消费，后还款。具体为消费入账后的下个还款日还款，淘宝天猫类大部分交易需在确认收货入账后才可还款（部分特定类目，如淘宝旅行、充值、电影票、天猫国际/飞猪国际、中国港澳台交易付款/满就返交易等为下单付款成功后入账）；其他线上平台如拼多多、苹果官网等为下单付款成功后入账；线下支付如扫码支付等为下单付款成功后入账。

2）还款方便，支持支付宝自动还款。关于还款需要了解账单日和还款日。账单日是指花呗出账日期，每个月账单日出当月的账单（汇总消费明细、费用明细），部分用户支持调整账单日，具体以实际页面为准。还款日是花呗在协议上约定的最后还款时间，若超过该日期还款，则收取一定的逾期费用，且会产生逾期负面记录。例如，花呗账单日为1日的用户对应还款日一般为每月8日、9日或10日，部分调整了账单日为5日或10日的用户，还款日一般为每月15日或20日，具体以实际页面为准。

2. 银行卡付款

银行卡付款可以分为两类：网银付款、快捷支付。

（1）网银付款。网银是指银行面向所有用户和场景提供的网上银行综合服务，包括支付和转账等服务。在支付宝环境下，主要指用户通过网银充值到支付宝账户以及支付时跳转到网上银行扣款。

使用网银付款时，浏览器会跳转到银行网银页面，按银行要求的信息填写进行支付。

（2）快捷支付。快捷支付是为网络支付量身定做的网银服务，主推支付功能，由银行与支付宝直连，保障了支付的安全性和便捷性。

用户可以通过在银行预留的手机号码、银行卡号、手机校验码等信息快速开通快捷支付服务。付款时仅需输入支付宝支付密码。快捷支付的便捷性更强，支付宝与保险公司承诺用户的资金安全。

快捷支付的缺点主要是部分银行出于多种目的考虑，限制了单日单次支付额度，使得大额支付使用快捷支付不很便利。

3. 货到付款

货到付款是指配送人员把商品送到客户手上以后，客户检查过商品没任何问题再支付货款的交易方式。

4. 他人代付

在PC端提交订单的时候，选择找"朋友代付"，输入朋友的支付宝账户/淘宝账户（昵称），单击"请他付款"，即可向朋友发送代付申请，如图2-17所示。

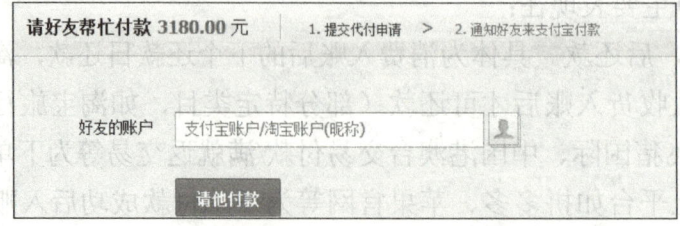

图2-17　他人代付页面

项目二 售前准备及咨询接待

任务评价

结合理论知识学习和任务实施的具体过程,将操作内容记录在表2-10中,并对完成效果进行评价。

要求:表2-10列出的3个知识点,第2个和第3个是完成本任务需要掌握的,第1个有一定的了解即可;3个技能点是售前客服在工作前必须掌握的,其中物流和付款知识的掌握为本次评价的重点。

表2-10 售前客服必备知识与技能评价表

项目	内容	简要介绍	评价				
			很好	好	一般	差	很差
知识	1. 营销活动						
	2. 物流知识						
	3. 付款知识						
技能	1. 能够收集网店营销活动信息						
	2. 能够收集网店物流信息						
	3. 能够收集网店付款知识						

任务三 运用客服常用工具

情景导入

要想成为一名优秀的客服,必须熟练掌握客户服务工具的使用,张婷决定开始自学千牛的使用方法与技巧。

情景分析

随着互联网的飞速发展,网络上的即时通信工具越来越多,作为一名网络营销人员,除了会使用即时沟通软件,还应该掌握一些即时商务沟通软件的使用技巧,方便及时地与客户进行沟通。张婷不仅要了解买家版阿里旺旺的使用技巧,还要学会卖家版千牛的使用方法和技巧。

任务实施

任务实施导航结构图:

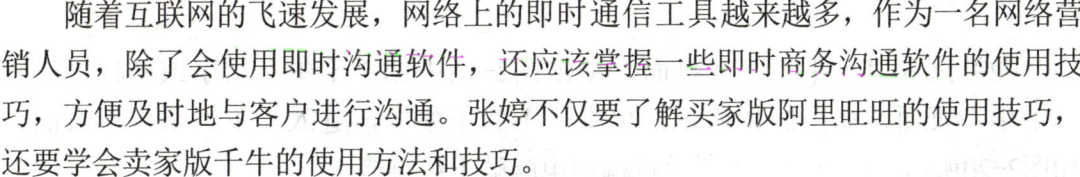

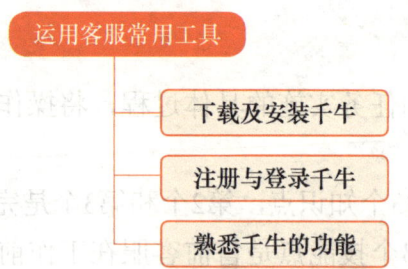

一、下载及安装千牛

（1）进入阿里巴巴客户端产品族网页。输入网址https://wangwang.taobao.com/，进入阿里巴巴客户端产品族首页，如图2-18所示。

图2-18　阿里巴巴客户端产品族首页

> **小提示**
>
> 阿里集团为买卖双方提供了不同的版本，买方可直接下载阿里旺旺软件，卖方可下载千牛软件。

（2）进入"千牛"下载页面。单击图2-18中的"千牛"文字或图标，进入"千牛"页面，如图2-19所示，单击"下载千牛"，进入"下载千牛"页面，如图2-20所示，该页面提供了手机端和电脑端下载链接。

（3）下载电脑版"千牛"。可根据个人计算机配置情况，单击"Windows"或"Mac"进行下载。本环节选择"Windows"下载，单击"Windows"，出现如图2-21所示页面。

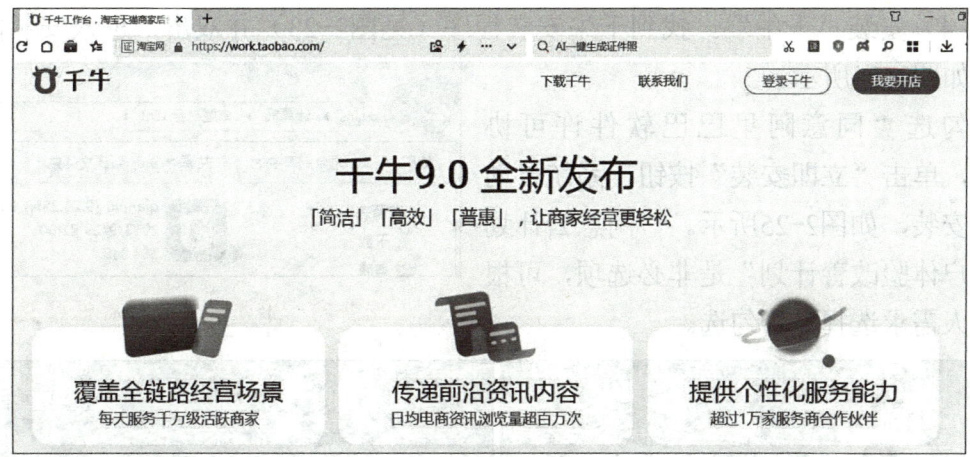

图2-19 千牛页面

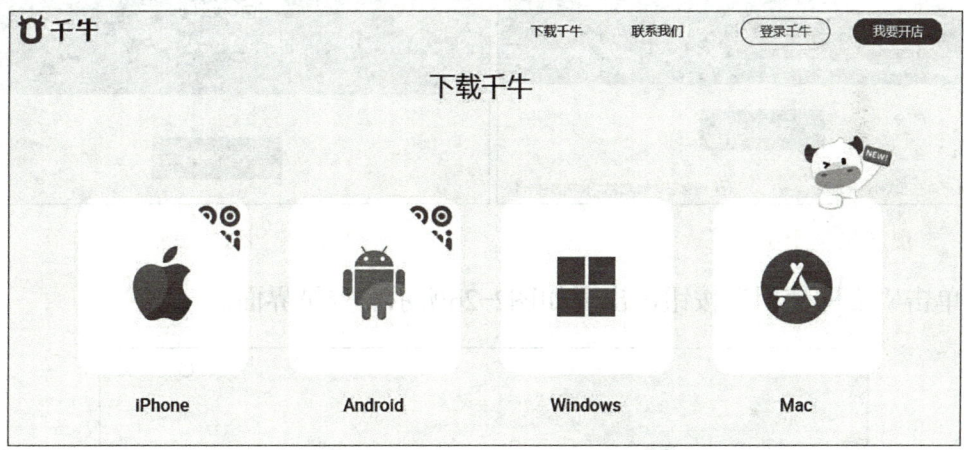

图2-20 下载千牛页面

图2-21 千牛下载提示

选择下载路径,单击"下载"按钮。下载完成,出现如图2-22所示页面。

图2-22 千牛下载完成页面

（4）安装"千牛"。找到千牛安装程序（见图2-23）并双击，进入安装向导页，如图2-24所示。

勾选"同意阿里巴巴软件许可协议"，单击"立即安装"按钮，系统自动完成安装，如图2-25所示。"同意云计划和用户体验改善计划"是非必选项，可根据个人需求选择是否勾选。

图2-23　千牛安装程序存储位置

图2-24　千牛安装向导页　　　　图2-25　千牛安装完成提示页

单击"立即使用"按钮，出现如图2-26所示的登录界面。

图2-26　千牛登录界面

二、注册与登录千牛

（1）注册千牛账号。已有淘宝网、淘宝特价版、企业商家账号的可直接输入账号进行登录,没有账号的可单击"我要注册",按提示完成相关操作。

(2)登录千牛账号。在千牛登录界面,输入账号和密码,单击"登录"按钮即可。

三、熟悉千牛的功能

(1)熟悉千牛界面。千牛电脑端界面如图2-27所示。

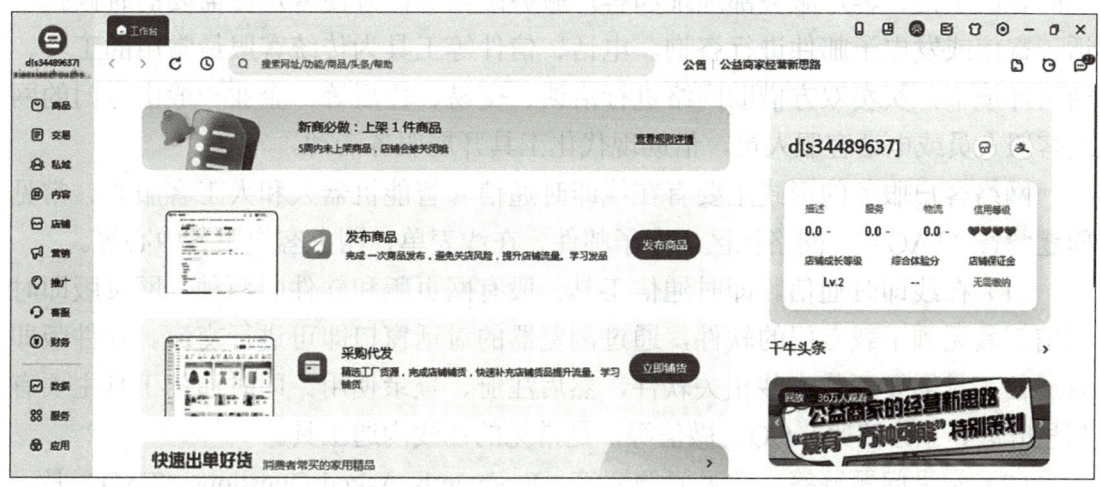

图2-27 千牛电脑端界面

(2)了解不同模块的内容及功能。

1)分别查看并学习千牛左侧导航栏下的内容,至少选择5个熟悉的内容完成表2-11的填写。

表2-11 千牛功能统计表

项　　目	主要内容	功能简介

2)记录下尚未理解的内容,利用网络收集相关信息,加深对该内容的理解和掌握。

> 知识链接

一、网络客户服务的形式

传统的客户服务大多为面对面的一对一式服务,直接面对面的交流能更全面地了解客户需求,做好针对性的服务。传统企业一般都设有客户服务中心,有统一的客服电话、客户服务部地址和客户服务邮箱等,方便客户在需要的时候打电话、寄信或发电子邮件进行咨询。电话、信件等工具为传统客服最常用的工具。网络环境下,买卖双方借助网络进行洽谈、交易、售后等。企业一般由专门的网络客服人员或电话客服人员,借助现代化工具开展服务活动。

网络客户服务的形式主要有在线即时通信(智能机器人和人工客服)、常见问题解答(FAQ)、网络社区、电子邮件、在线表单、网上客户服务中心等。

(1)在线即时通信。即时通信工具一般有网页版和软件版两种。网页版即时通信工具无须下载专门的软件,通过浏览器的对话窗口即可进行交流。软件版即时通信工具需要下载安装相关软件,然后注册、登录使用。即时通信工具主要有阿里旺旺、京东咚咚、QQ、微信等,是常见的在线沟通工具。

(2)常见问题解答。常见问题解答(Frequently Asked Questions,FAQ)是一种在线帮助形式,被认为是一种常用的在线客户服务手段。

客户在利用一些网站的功能或者服务时往往会遇到一些看似很简单,但不经过说明可能很难弄清楚的问题。对企业来说,客户的大部分问题在很多情况下只要经过简单的解释就可以解决,因此,在很多网站上都可以看到常见问题解答,列出了一些用户常见的问题。一个好的常见问题解答系统,应该至少可以回答用户80%以上的常见问题。常见问题解答的设置不仅方便了客户,也大大减轻了网站工作人员的压力,节省了大量的客户服务成本,并且增加了客户满意度。

(3)网络社区。网络社区包括论坛、讨论组形式,企业设计网络社区就是让客户在购买产品后既可以发表对产品的评论,又可以针对产品提出一些意见与建议,从而提高产品的使用、维护水平。营造网络社区,不但可以让客户自由参与,同时也可以吸引更多的潜在客户参与。

(4)电子邮件。电子邮件是最便捷的沟通方式,通过客户登记注册,企业可以建立电子邮件列表,定期向客户发布企业最新消息,加强与客户的联系。客户也可以通过电子邮件向企业询问相关问题或提出意见与建议。

(5)在线表单。在线表单一般是网站事先设计好的调查表格,可以调查客户的需求,也可以征求客户的意见等。

网络客户服务的形式

（6）网上客户服务中心。客户服务中心（Customer Service Center，CSC）是指企业利用电话、手机、传真、Web等多种信息接入方式，以人工、自动语音、Web等多种形式为客户提供各类售前、售后服务的组织平台。企业的网上客户服务中心提供服务热线、产品咨询、在线报修、软件下载等服务，可为客户提供系统、全面的在线服务。

二、即时通信软件

1. 即时通信软件的含义

即时通信（Instant Messaging，IM）是一种终端服务，是指能够即时发送和接收互联网消息的业务。即时通信利用的是互联网，通过文字、语音、视频、文件的信息交流与互动，有效节省了沟通双方的时间与经济成本。即时通信软件不但成为人们的沟通工具，还成为人们利用其进行电子商务、工作、学习等交流的平台。

即时通信支持两人或多人使用网络即时地传递文字、图片信息，或进行语音与视频交流沟通。即时通信不同于电子邮件之处在于它所需要的时间更短，且交谈是即时的。通过即时通信功能，用户可以知道他的好友是否正在线上，并与之即时通信。

即时通信软件是通过即时通信技术来实现在线聊天、交流的软件。目前有两种架构形式：一种是C/S架构，即采用客户端/服务器形式，用户使用过程中需要下载安装客户端软件，典型的代表有：QQ、百度Hi、微信等。另外一种是采用B/S架构，即浏览器/服务端形式，这种形式的即时通信软件直接借助互联网为媒介，无须安装任何软件即可进行沟通对话。

2. 即时通信软件的分类

（1）个人即时通信软件。个人即时通信软件主要是以个人（自然人）用户使用为主，具有方便聊天、交友、娱乐等特点，如QQ、微信等。

（2）商务即时通信软件。商务即时通信软件主要用于中小企业、个人实现交易和跨地域工作交流。商务即时通信软件可用于寻找客户资源或商务联系，以低成本实现商务交流或工作交流，如阿里旺旺、京东咚咚、Skype、华夏易联e-Link。

（3）企业即时通信软件。企业即时通信是一种面向企业终端使用者的网络沟通服务，使用者可以通过安装即时通信软件的终端机进行两人或多人之间的实时沟通。交流内容包括文字、界面、语音、视频及文件互发等。

（4）行业即时通信软件。行业即时通信主要局限于某些行业或领域，使用的即时通信软件往往不被大众所知，如螺丝通就是专门提供给螺钉行业人员的即时通信软件。行业即时通信软件一般需要购买或定制，使用单位一般不具备开发能力。

（5）网页即时通信。网页即时通信指在社区、论坛和普通网页中加入即时聊天功能，用户进入网站后可以通过聊天窗口与同时访问网站的用户进行即时交流，从而提高了网站用户的活跃度、访问时间、用户黏度。

（6）免费即时通信软件。其主要有个人版和企业版两类。

1）个人版即时通信软件：微信、QQ、阿里旺旺、京东咚咚等。

2）企业版即时通信软件：益信、汇讯、蚁傲、263EM等。

（7）泛即时通信软件。一些软件带有即时通信软件的基本功能，但以其他功能为主，如视频会议。泛即时通信软件对专一的即时通信软件是一大竞争与挑战。

小知识

即时通信营销

即时通信营销又叫IM营销，是指营销工作者运用现有的网络通信工具实现及时、实时的信息交流和收发，从而产生效益的一种销售手段。IM营销手段又可以分为QQ营销、微信营销、百度Hi营销等。

任务评价

结合理论知识学习和任务实施的具体过程，将操作内容记录在表2-12中，并对完成效果进行评价。

要求：表2-12列出的3个知识点，第2个和第3个知识点是完成本任务需要掌握的，第1个知识点有一定的了解即可；3个技能点是售前客服在工作前必须掌握的，为本次评价的重点。

表2-12 客服常用工具必备知识与技能评价表

项目	内容	简要介绍	评价				
			很好	好	一般	差	很差
知识	1. 即时通信软件的含义						
	2. 即时通信软件的分类						
	3. 千牛的功能						
技能	1. 下载及安装千牛						
	2. 注册与登录千牛						
	3. 千牛的使用						

项目二 售前准备及咨询接待

任务四　熟知售前接待流程

情景导入

张婷在收集信息的时候，网页弹出一商品信息，张婷比较喜欢，于是用阿里旺旺向客服进行了咨询，她想了解下这家网店的客服是如何工作的。交谈中，她发现客服微微特别专业，于是将自己的收获与王俊熙主管进行交流，王主管建议张婷先重点了解下售前客服的工作内容。

情景分析

要学习网店售前客服的工作内容，必须对网店的购物流程有一定的了解，张婷可以先了解网络购物的流程，然后从卖家的角度对售前客服的工作内容、流程进行学习、分析，以便掌握售前客服的接待流程。

任务实施

任务实施导航结构图：

```
熟知售前接待流程
    ├── 熟悉网店购物流程
    └── 了解售前接待流程及内容
```

一、熟悉网店购物流程

（1）收集网店购物流程信息。利用网络或书籍收集并查看网店购物流程的相关信息。

（2）完成网店购物流程表的填写。利用收集到的信息，完成表2-13的填写。

💡 小提示

（1）本环节选定天猫平台，要求掌握天猫网店交易流程。由于网店性质不同，不同类型网店交易流程在购物准备、支付方式等方面略有不同，但基本流程是一样的，完成本环节便可对网络购物流程有一定的了解。

055

(2)假设买家已经完成淘宝账号的注册,银行卡也已经开通网上支付功能。

(3)表2-13不一定要填满,读者仅需要按自己的理解,将一个完整的网店交易流程展现出来即可。

表2-13　网店购物流程

序　号	交易流程	买家操作	卖家操作
1			
2			
3			
4			
5			
6			
7			
8			
9			
10			

二、了解售前接待流程及内容

(1)初识售前接待的内容。思考表2-13卖家操作中哪些是由售前客服完成的工作。

(2)熟悉售前接待流程、具体工作内容及注意事项。将售前客服需要完成的工作内容和接待注意事项进行概括并填写在表2-14中。

表2-14　售前接待流程、具体工作内容及注意事项

序　号	接待流程	具体工作内容	注意事项
1			
2			
3			
4			
5			

知识链接

一、售前客服接待原则

售前客服接待原则分为服务原则和销售原则两方面,如图2-28所示。

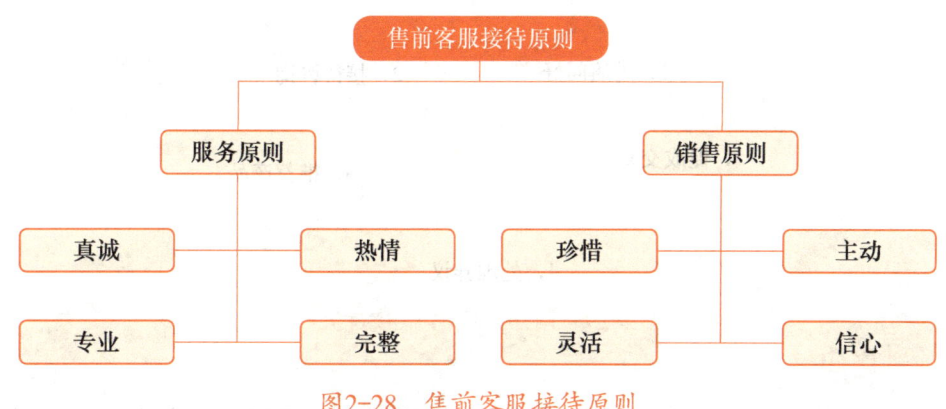

图2-28 售前客服接待原则

1. 服务原则

任何时候，服务好客户都是客服的第一要务，售前客服服务的原则主要包括以下四点。

（1）真诚。售前客服要真心诚意地服务客户。

（2）热情。在接待客户的时候，要让客户感觉到售前客服的热情，因为双方是通过文字沟通的，所以热情体现在售前客服的回复速度、语气词和使用的旺旺表情上。

（3）专业。客户需要安全感，希望听到正确答案，希望服务自己的客服非常专业，所以售前客服必须专业。

（4）完整。服务要有头有尾，客户购买前咨询问题，售前客服要一一解答，购买后售前客服也要礼貌告别，并且核对地址。出现售后问题，售前客服要很好地交接给售后客服。每一位客服的服务都需要完整。

2. 销售原则

强大的销售能力是售前客服价值最直观的体现，售前客服销售原则主要包括以下四点。

（1）珍惜。只有珍惜与每一位客户沟通机会的客服，才会把业绩做好。

（2）主动。销售在很多时候需要主动出击，销售不是机械地一问一答，售前客服要想办法引导客户提问。

（3）灵活。销售工作一定要懂得变通，因为客户的要求是千奇百怪的，所以灵活是售前客服必备的技能。

（4）信心。售前客服要相信自己能促成每一位进店咨询的客户进行交易。

二、网店售前客服的接待流程及内容

网店售前客服接待流程如图2-29所示。

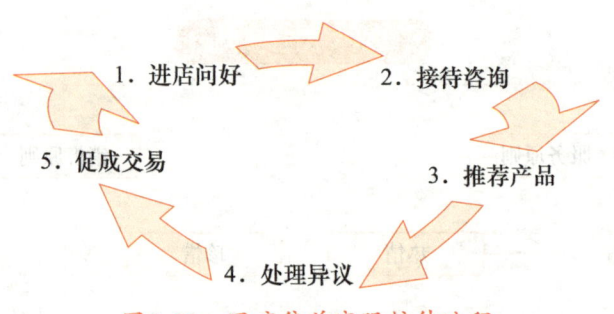

图2-29　网店售前客服接待流程

1. 进店问好

客服问好要做到及时、礼貌、热情。利用交流工具进来询问的客户，都是对这个产品感兴趣的潜在客户，售前客服一定要善于捕捉这个机会，给客户留下好的第一印象。

2. 接待咨询

接待客户要做到热心引导，认真回复。接待咨询中，客服人员一定要认真地分析客户所说的每一句话，然后给予有针对性的回复。这样不仅能让客户感到客服的诚意，还有利于客服摸清客户的心理，了解客户的真实需求，还可以让客户感受到客服的诚意。如果客户不知要购买哪件商品，可以引导并帮助客户去选择更适合他的产品。

3. 推荐产品

推荐产品要精准，体现客服人员的专业水准。一般情况下，客户是需要售前客服推荐产品给他的。因为之前了解了客户的需求，所以一定要推荐更适合他的产品。精准地推荐产品不仅有利于促成交易，还可减少售后问题，提高客户的回头率。

4. 处理异议

客户服务过程中总会遇见客户对推销产品、交易方式、交易条件等提出这样或那样的问题，面对这种情况，客服应以退为进，尽可能打消客户的疑虑。例如，客户看中了商品后通常会砍价或者提出包邮、索要赠品等，此时，客服可以强调产品质量、售后保障等，再用一些比较俏皮的语言或多运用一些旺旺表情、图片等与对方交谈。

5. 促成交易

下单购买是销售的最后一个步骤，客服在解答了客户的疑问，打消他们在购物过程中产生的疑虑后，应该尽快促成交易。常见的促成交易方法有利益总结法、前提条件法、询问法和yes sir法，如图2-30所示。

网店售前客服接待流程

图2-30 常见的促成交易法

（1）利益总结法。客服总结并陈述将带给客户的所有利益，注意条理要清楚，要针对客户的问题阐述利益，总结要全面，表达要准确。

（2）前提条件法。提出一个特别的优惠条件，如赠送店铺优惠券、赠送小礼品等。但要注意的是，一定要配合店铺的促销政策。

（3）询问法。客服通过提问逐渐接近客户的真实需求，然后强调利益来获得问题的解决。由需求引导向利益转变一定要有非常强的针对性。

（4）yes sir法。客服要站在客户的立场为自己说话，有步骤地解决问题。只有把客户的所有疑虑都打消了，建立了信任，客户才有可能在店里下单购买。对客户表示认同或理解，之后再用简短的补充来说服客户。

任务评价

结合理论知识学习和任务实施的具体过程，将操作内容记录在表2-15中，并对完成效果进行评价。

要求：表2-15列出的3个知识点，都是完成本任务必须要掌握的；2个技能点的培养是为理论知识的学习做铺垫的，有利于客服能力的提升。

表2-15 售前接待流程必备知识与技能评价表

项 目	内 容	简要介绍	评 价				
			很好	好	一般	差	很差
知识	1. 网店购物流程						
	2. 售前客服接待原则						
	3. 售前客服接待流程及内容						
技能	1. 能根据网店购物流程进行卖家操作						
	2. 能根据售前接待流程及内容完成售前接待						

任务五　客户接待与沟通技巧

情景导入

经过之前的学习，张婷觉得可以胜任售前客服的工作了，于是找到客服主管申请实战。客服主管笑着说："真的准备好了？那我考考你。假如客户来咨询，说'太贵了，我还是到别家去看看吧'，你该怎么做？"张婷思考了半天也不知道该如何回答。主管建议她再认真学习一下接待客户的沟通技巧。

情景分析

售前客服在接待过程中，沟通技巧运用得巧妙不仅可以快速促成交易，还可以增强客户的忠诚度。要想成为一名金牌客服，接待客户的沟通技巧是必须要掌握的，并需要在实践中不断积累提升。张婷有良好的态度，再提升一下知识与技能，一定会早日成为一名优秀的客服的。

任务实施

任务实施导航结构图：

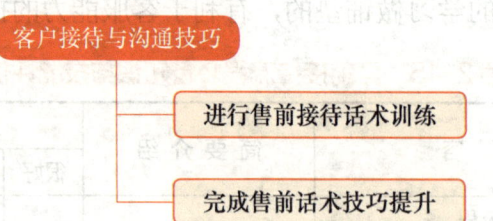

一、进行售前接待话术训练

（1）完成"售前接待话术训练"表的填写。售前客服在客户咨询过程中要回答客户的各种提问，请模拟售前咨询接待，完成表2-16的填写。

提示：读者可假设不同的情景，进行不同客服话术的回答，如打招呼用语，可以写一个"在的"和一个"不在"的自动回复回答用语。

项目二 售前准备及咨询接待

表2-16 售前接待话术训练表

序号	内容	客户咨询	客服话术1	客服话术2
1	打招呼用语	在吗?		
2	对话语	请问您家这个是正品吗?		
3	议价语	活动期间可以便宜点吗?		
		为什么别家的比你们的便宜?		
		多买有优惠吗?		
4	支付用语	我可以用银行卡付款吗?		
5	物流用语	请问什么时候发货?		
		能发顺丰吗?		
6	欢送用语	算了,等做活动再来买好了。		
		希望早点收到宝贝哦,再见!		

(2)完善"售前接待话术训练"表中的客服话术。两人一组,分别读出"售前接待话术训练"表中客户咨询话语和客服话术,对客服话术进行完善。

二、完成售前话术技巧提升

提示:比较表2-16中客服话术1和客服话术2,在认为较优的话术上打钩;3~5人一组,分别读出表2-16"打招呼用语"和"欢送用语"中个人认为较优的话术,共同讨论并选出两个最优话术,填写在下面的横线上。

1. 记录最优打招呼用语。

(1)＿＿＿＿＿＿＿＿＿＿＿＿＿＿＿＿＿＿＿＿＿＿＿＿＿＿＿＿＿＿＿＿＿＿＿＿＿＿＿

(2)＿＿＿＿＿＿＿＿＿＿＿＿＿＿＿＿＿＿＿＿＿＿＿＿＿＿＿＿＿＿＿＿＿＿＿＿＿＿＿

2. 记录最优欢送用语。

(1)＿＿＿＿＿＿＿＿＿＿＿＿＿＿＿＿＿＿＿＿＿＿＿＿＿＿＿＿＿＿＿＿＿＿＿＿＿＿＿

(2)＿＿＿＿＿＿＿＿＿＿＿＿＿＿＿＿＿＿＿＿＿＿＿＿＿＿＿＿＿＿＿＿＿＿＿＿＿＿＿

知识链接

一、进店问好的技巧

良好的第一印象是成功沟通的基础，客服可以介绍自己，加一些表情让客户感受到客服的热情。例如，客户早上进店时可以说"早上好"，节日可以加上"××节日快乐"。老客户来时，可以特别一点接待，体现出老客户和别人不一样的地方。客服接待话术举例见表2-17。

表2-17 客服接待话术举例

客户咨询	客服话术
您好，在吗？（新客户）	亲，欢迎光临××旗舰店，我是您的专属客服，很高兴为您服务
	早上/中午/晚上好！我是客服××，很高兴能为您答疑解惑
您好，有人吗？（老客户）	哈，欢迎亲再次光临，我是××，亲有什么问题尽管吩咐
	××节快乐，欢迎再次光临，我是客服××，非常高兴能为您服务

二、接待咨询的技巧

客服人员解决客户提出的各类疑问是交易的基础，对客户提出的问题要有相应的应对方法。客服人员在咨询接待过程中，利用一定技巧不仅能解决客户的疑问，还可以让客户了解产品、企业信息，并得到客户的认可，顺利完成销售。客服接待咨询技巧主要包括以下几个方面。

1. "库存咨询"应对技巧

库存问题一般以页面上的信息为准。如果出现断码的情况，可以查下库存是否有剩余。如果有，就可以告知客户还有几件预留，请客户在备注栏中填写需要的尺码，客服再在发货系统里面进行修改即可。关于"库存咨询"的客服话术举例见表2-18。

表2-18 关于"库存咨询"的客服话术举例

情 况	客服话术
有库存	亲，我们这款一直卖得非常好，所以都是保持库存充足的。您可以放心购买的。
库存不多	亲，我们这款只有×件了，亲如果喜欢可以尽快拍下。
预售	亲，我们这款的销量非常好，现在在补货期间，大概×天后可以安排发货，您可以现在先拍下，到货了我们第一时间给您安排发货。
	（客户说"那我等出货的时候再拍"）亲，我们预售也是一批一批出货的，是按下单时间发货的，所以建议亲还是现在拍下，到时候就可以快点收货啦。
无库存	亲，非常抱歉，您看的这款已经卖完了，暂时还没有接到补货通知，我推荐一个类似的款式给您看看。（附上所推荐产品的链接）

2. "活动咨询"应对技巧

店内活动一定要主动和客户说明,同时还可以利用活动的优惠和时效性让客户尽快拍下商品。关于"活动咨询"的客服话术举例见表2-19。

表2-19 关于"活动咨询"的客服话术举例

情 况	客 服 话 术
有活动	亲,您今天来得真是时候,我们××活动刚开始进行,您可以看看。
没活动	亲,最近我们没有新的活动,不过有几个宝贝很有市场的,我们卖得很快,我发给您看看。

3. "尺码咨询"应对技巧

虽然网店商品详情页面一般会有商品尺码的相关介绍,但客服在工作中也会经常遇见尺码问题的咨询,客户咨询主要是想了解商品详情介绍中的尺码是否标准,希望得到客服的推荐。关于"尺码咨询"的客服话术举例见表2-20。

表2-20 关于"尺码咨询"的客服话术举例

情 况	客 服 话 术
介绍大小	亲,我们的尺码一般是从S到XXL的,S是小码,M是中码,L是大码,XXL是加大码。每个款式还有具体的尺码表,您看中哪款发给我,我把尺码表发给您看看。
尺码测量	亲,这个尺码表都是我们专业质检人员将宝贝平铺测量的,数据上有可能会有1~2cm的误差,这个不会影响穿衣效果的,您放心参考。(可以把页面上的衣服平铺测量图截图给买家,让买家实际了解是怎么测量的)

4. "产品咨询"应对技巧

关于商品成分、面料特征、产品细节等产品信息的咨询,客服一定要根据页面上所描述的内容如实告诉客户,切记不能为了销售而告诉客户虚假的信息。例如,某款衣服有一定程度上的缩水,可将实际情况告知客户,建议客户拍大一码。专业的回答不仅可以体现客服的专业度,还可以让客户更加信任客服。关于"产品咨询"的客服话术举例见表2-21。

产品咨询应对技巧

表2-21 关于"产品咨询"的客服话术举例

情 况	客 服 话 术
材质	亲,这个是××材质的,有××特性,穿在身上有××感觉。
缩水	亲,衣服都有一定范围的缩水率,但是您拍的这个尺码洗过之后不会影响您的穿着!放心好啦。
起球	亲,您放心,我们的这个宝贝是××材质的,不会起球的。
	亲,这款宝贝是××材质的,如果不注意打理的话,穿得时间久了会稍微有点起球,不过如果亲打理得好的话,就可以有效地避免起球了。

（续）

情　况	客服话术
实物拍摄	亲，这个是我们的原创品牌呢，宝贝都是我们自己设计生产的，所以宝贝的图片都是实物拍摄的，这个跟网上的盗图是不同的！您就放100个心吧。
色差	亲，我们都是实物拍摄的，基本是没有色差的。不过因为显示器和拍摄的灯光、角度等因素，多多少少还是有点影响！但是您放心，展现出来的图片都是尽可能接近实物的。
洗涤	亲，这个宝贝比较有弹性，您最好是手洗，不要机洗，衣服跟我们人一样，都是需要保养的嘛！你懂的！嘿嘿。（视情况而定）

5."快递邮费、发货咨询"应对技巧

快递费由首重和续重两部分构成。首重是指最低的计费重量，一般的快递公司首重为1kg；续重是指超过首重部分，即在标准重量后增加的重量，一般以kg计算，不足1kg按1kg收费。例如，某快递公司规定到一个地方首重1kg是10元，续重4元/kg，寄一个重量为2.4kg的包裹，运费是10+4+4=18元。关于"快递邮费、发货咨询"的客服话术举例见表2-22。

表2-22　关于"快递邮费、发货咨询"的客服话术举例

客户咨询	客服话术
你们家默认发什么快递？	亲，我们现在默认发的是××快递，您那边可以收到吗？
你能帮我发××快递吗？	（有客户说的快递）亲，可以的，那我就给您安排发这个快递，您到时候注意查收。
	（没有客户说的快递）亲，我们在郊区，这个快递现在不来我们这边收件，要不我给您发EMS吧，这个快递哪里都能到！您看可以吗？
到我这里邮费要多少？	亲，您是哪里的？发到您那边的话顺丰是22元，普通快递的话一般是12元。
今天能发货不？	亲，我们会在48小时内安排发货，不过正常情况下隔天就可以发出了，还是非常快的。
现在拍了还可以发货吗？	亲，你现在拍下付款，我们一般今天就会安排发出的，发货后也会有短信提示，如果您明天这个时候还没有收到短信，到时候来联系我，我给您处理。
已经付款了，什么时候发货？	亲，现在太晚了，快递都走了，要明天安排发货！发货后1~2天您就能收到了，很快的。
要几天能收到呢？	亲，顺丰快递发货后1~2天您就可以收到了。今天给您发货了，明后天您注意查收。
我×号能收到吗？	今天给您发货，您大概2天后就可以收到了，发货后我们也会有短信发给您，亲可以跟踪物流。
我后天要出差，可以帮我加急发吗？可以多加钱	亲，我刚看了您的地址，您现在拍下，我们帮您安排今天发，明天应该就可以到了，不用您加钱，只要我们能帮上您，肯定是义不容辞的。
我现在拍能不能帮我安排半个月后发？	亲，你可以在订单中备注一下，我们半个月后再给您发货。
我的货发了吗？我买的衣服怎么没有发货啊？	亲，您稍等，我马上就给您查下订单……亲，您是×月×日付款的，我们会在今天给您安排发出的，发货后会有短信提示，亲注意查收。
	亲，您稍等，我马上就给您查下订单……亲，我看到您的订单宝贝是预售的，不知道您拍下的时候注意到了吗？大概要在×月×日发货。

项目二 售前准备及咨询接待

> 💡 小提示

客户的订单没有发货，一般有三种情况：第一种情况是客户在店铺发货后才下订单，比如店铺发货是在每天下午进行，而客户是在前一天晚上或当天上午下的订单；第二种情况是漏单或者是操作上出现问题产生的；第三种情况是预售。如果是预售，在跟客户沟通时需要注意技巧，先要了解客户是否知道拍下的商品是预售的，如果客户表示不知道，客服要第一时间致歉，因为当时负责接待的客服没有告知客户，然后再告诉客户具体出货时间，询问客户是否可以等到出货时间。客户如果比较着急，可以推荐客户更换其他款式的商品或申请退款。

6. "其他咨询"应对技巧

关于"其他咨询"的客服话术举例见表2-23。

表2-23 关于"其他咨询"的客服话术举例

客户咨询	客服话术
是七天无理由退货吗？	亲，您放心，我们是天猫商城，都是支持七天无理由退换的，亲放心购买。
我拍错尺码了怎么办？	（包裹还在仓库）亲，您别着急，稍等下，我先帮您看下您的订单……亲您要改什么尺码，我这边可以帮您进行修改的。 （快递已取走包裹）亲，您先别着急，稍等下，我先帮您看下您的订单……亲，我刚查过您的订单，我们仓库已经安排发货了，快递将包裹取走了。您收到宝贝要是尺码不合适，到时候联系我们客服给您安排更换，您看可以吗？
我拍错尺码了，帮我退款，我再重新拍	亲，您稍等，我给您查看下订单……（将退款订单发给退款专员处理退款）亲，您的订单已经给您退款了，您查看下，如果没有什么问题，可以重新下单，然后我再给您核对下信息。
能开发票吗？	亲，发票可以开，不知道您开个人的还是公司的？
能给我个空的收据吗？	亲，不好意思，我们这边规定不能开空的收据。
支持信用卡付款吗？	亲，我们商城是支持信用卡付款的，亲可以使用信用卡。
信用卡付款需要收手续费吗？	亲，关于使用信用卡支付手续费的情况有两种：①若卖家已开通"信用卡支付"服务，则需要卖家支付相关手续费，该费用交易成功后从卖家收到的钱款中自动扣除，买家无须承担手续费。②若卖家未开通"信用卡支付"服务，则需要买家支付相关手续费，手续费会直接增加在订单成交价中。我们店铺已开通了信用卡支付服务，所以无须您承担费用。
可以分期付款吗？	亲，可以的，您在下单页面勾选分期付款即可。
能货到付款吗？	亲，不好意思，小店所有商品都不支持货到付款呢。亲可以选择其他付款方式。

> **小经验**
>
> **发 票 问 题**
>
> 　　客户询问是否可以开发票，回答一定是肯定的，但是其中不能排除票根刚好用完的情况。可以安排货品先给客户发过去，等发票票根到了再补发。另外，客户有要求多开发票金额，可以另付税点时，我们要委婉地拒绝客户。告知客户实际付款金额是多少，我们给开票的金额就是多少。
>
> 　　信用卡付款：
>
> 　　（1）天猫商家都默认支持信用卡付款（除不开通信用卡的特殊类目外）。
>
> 　　（2）信用卡结算不得向买家收取任何形式的手续费。
>
> 　　（3）分期付款跟商家无关，是买家和银行的不同结算方式，商家是一次性拿到款项的，因此，如果买家要求信用卡分期付款，请商家务必同意。

三、推荐产品的技巧

　　推荐产品要多了解客户的想法、需求，推荐产品最关键的是了解产品，只有了解了产品和客户的需求才能做到专业的推荐。推荐产品技巧主要有以下几个方面。

1. "颜色推荐"技巧

　　颜色推荐可按肤色、喜好推荐或引导客户让客户的亲人和朋友给出建议。对于喜好推荐，要询问客户喜欢的颜色，引导客户自己选择，如果没有喜欢的颜色，可根据肤色来推荐或引导客户让客户的亲人和朋友给出建议。对于肤色推荐，偏白的肤色配什么颜色都好看，可让客户自选；偏黄的肤色，要记得不要推荐黄色系的衣服；偏黑的肤色，建议选择暖色系的衣服。另外，因为颜色方面的问题比较主观，还可以通过销量、基本色调搭配去推荐。"颜色推荐"客服话术举例见表2-24。

表2-24 "颜色推荐"客服话术举例

客户咨询	客服话术
这款什么颜色好看？	亲，您平时喜欢什么色调的衣服呢？这款××色销量比较好，亲可以看看喜欢不？
我肤色偏黑，穿什么颜色会好看些呢？	亲可以考虑下暖色系的衣服，个人感觉会比较好看些，这几件就不错（发链接）。亲可以参考下。
我前面看的那套还有什么颜色？	（有）亲，您看的这套还有其他的颜色，我发给您看看。 （没有）亲，您看的这套只有这个颜色，没有其他的，您喜欢什么颜色可以告诉我，我这边查下其他的款式发给您看看。

2. "款式推荐"技巧

款式推荐要多了解客户平时的穿衣风格和喜好，例如，客户是喜欢衬衫还是喜欢T恤。款式推荐还可以根据关联相应的套餐做出推荐。"款式推荐"客服话术举例见表2-25。

表2-25 "款式推荐"客服话术举例

客户咨询	客服话术
能不能再给我发几个同款的衣服？	好的，没问题，您稍等，我这就给您发链接。
能不能给我介绍几款好看点的？	好的，没问题，不过亲，您先告诉我您大概喜欢什么款式/风格的衣服呢？
有没有带格子的？	（有）亲，有的，我这就给您发链接，您稍等。
	（没有）亲，暂时还没有带格子的款式，您还喜欢什么类型的呢？

3. "尺码推荐"技巧

尺码推荐的流程：①询问身高、体重、平时穿衣尺码，然后进行推荐。②如果客户犹豫，则询问胸围、腰围，再次进行推荐。如果客户仍在犹豫，则给出两个尺码让客户决定。

切记推荐尺码时不要把话说得太满、太肯定。"尺码推荐"客服话术举例见表2-26。

表2-26 "尺码推荐"客服话术举例

客户咨询	客服话术
我身高176cm、体重62kg要穿什么尺码？	亲，按您提供的数据，×码亲穿起来会比较合适。
这件衣服我要穿什么尺码呢？	亲，您的身高、体重是多少？我这边给您参考下。（了解客人的数据，然后推荐）
我平时裤子都是穿32码的，你们这个我要穿多大？	亲，我们家的尺码和您平时穿的尺码可能会有点不同，亲可以把身高、体重和腰围和我说下，这样我给您参考的尺码会更准确些。（先了解客人的数据，然后推荐）
我身高176cm、体重57kg，这款裤子要穿什么尺码？	亲，裤子除了身高和体重以外，腰围也是很重要的参考元素，亲把您的腰围和我说下，我这边给您参考下尺码。
我身高175cm、体重60kg，你说我是买M码还是L码好呢？	亲，您平时是喜欢宽松风格，还是修身风格呢？如果亲喜欢修身一些，M码会比较合适。（客人比较犹豫，问清客人穿衣风格帮他做决定）
其他款式也适合这个码吗？我还看中另外一件，也是这个尺码吗？	亲，我们不同的宝贝尺码上会有点差异，您看中的是哪款？发给我看下，我给您参考下。

四、处理异议的技巧

网络购物售前阶段出现的客户异议主要有价格异议、尺码异议。客服要尽可能解决客户的异议，促成交易。

1. 价格异议的处理

价格异议主要是客户觉得价格高了或者是想讨价还价，此时客服可以从包邮、优先帮其发货、赠送小礼品等方面去说服客户。关于价格异议的客服话术举例见表2-27。

表2-27　关于价格异议的客服话术举例

异议类型	客户话语	客服话术
以去零头、凑整数为由	这件530元算500元整吧，我也好付款。	亲，非常不好意思，我们上架的价格都是最低的，而且我们还是包邮的，这也是用另一种方式给您的优惠。（说明包邮也是一种优惠）
以介绍朋友为由	你给我打个折，我给你介绍朋友来买。	亲，很感谢亲为我们做宣传，不过这个价格真的已经是非常低了，亲收到衣服肯定会觉得物有所值。（感谢客人的同时表明价格很低了）
以不买为由	不优惠我就不买了。	亲，我们上架的价格都是最低的。我这边申请帮您优先发货，今天就帮您发出，您看这样好吗？衣服真的是非常好的。（可以从别的方面给客户点好处，再说明宝贝的价值）
以包邮为由	你们包邮，我拍了4件，给你们省了3次邮费，你们不给我优惠我就一件一件拍。	亲，快递费是和首重有关系的，重量超过了，快递费也是会增加的。有一些店铺都是一件包邮，两件要加钱。我们家是不管几件都包邮，所以亲分开拍和一起拍其实对我们来说是一样的。如果分开拍，亲的收货时间会拉长。我们的衣服真的已经是物超所值啦。（可以和客户说明他一起拍和分开拍是一样的，分开拍反而会让他收货不方便，最后再说明下产品真的很优惠了）
要打折	你看我买这么多，你给我打个九折吧，下次还来。	亲，真是为难我啦，真的没有办法打折。这样吧，我去和我们主管申请下，看看能不能送您一份小礼品，您看可以吗？
		亲，非常抱歉，您说的折扣真的申请不下来，送您几个试用装您看可以吗？
批量采购	我们公司需要大批量采购西装，你这边最低的价格是多少啊？	亲，您需要多少件呢？如果是大批量购买，我需要问下我们主管。
礼物异议（索要礼物也是一种变相的议价）	有小礼物吗？	（无）亲，不好意思，本店现在没有小礼物送，所有优惠都体现在价格上了，还希望亲谅解。如果以后我们有了小礼物，亲再过来购买一定赠送。
		（有）亲，我们仓库的同事会给您安排一份神秘小礼物，具体是什么我们也不是很清楚，因为都是仓库的同事负责，嘿嘿，希望亲收到会喜欢。

项目二 售前准备及咨询接待

2. 尺码异议的处理

面对客户提出的尺码异议，客服可以建议客户查看商品详情页中关于尺码的说明和其他买家评价，或告诉客户天猫店支持七天无理由退换货，若收到货后尺码不合适，可申请退换。关于尺码异议的客服话术举例见表2-28。

表2-28 关于尺码异议的客服话术举例

客户异议	客服话术
大了或者小了怎么办？	亲，您放心，我们是支持七天无理由退换货的，如果不合适，您联系我们给您安排更换，我们一定尽全力给您处理，直到您满意为止。
你们推荐的尺码不合适怎么办？	亲，通常情况下，我们给您推荐的尺码穿上刚好合适，当然我们也不能百分之百保证，要不这样，您可以看看其他买家的评价，多一份参考！要是不合适，您可以联系我们给您更换。

五、促成交易的技巧

1. 催单

催单是一门艺术，关系到客服前面的努力会不会徒劳，所以催单是非常关键的。催单客服话术举例见表2-29。

表2-29 催单客服话术举例

催单方式	客服话术
从发货时间上（客户没有拍下）	亲，您现在拍下，今天可以帮您安排发货，很快的。
	亲，您下午4点之前拍下，今天还可以帮您安排发货。亲要抓紧了。
从活动时效上	亲，我们正在举行××活动，今天是最后一天，亲如果喜欢可要尽快拍下。
从产品本身或库存上	亲，这款是我们店铺的热销产品，各方面都非常好，亲买下后肯定会感觉物超所值的。
	亲，这款库存不多了，亲要是喜欢可以直接拍下。
从客户角度出发	亲，我看您没有拍下宝贝，是不是碰到什么问题了？有什么需要我帮忙的，亲尽管吩咐。
客户问好问题就消失了（要主动联系客户，询问客户没有拍下的原因）	亲，还在吗？有什么我可以帮上您的吗？
	亲，怎么还没有拍下呀，您是不是还有什么不明白的呢？

2. 催付

催付是指对于客户拍下但未付款的订单，客服要主动与客户进行沟通，了解未付款的原因，并提供帮助，促其尽快付款。

客户拍下订单未付款的常见原因如下：

（1）还想考虑一下，对比其他产品。

（2）价格太贵，再考虑下。

（3）卡里余额不足或支付受限。

（4）支付工具问题。

（5）其他问题。

催付常用的方式是利用即时聊天工具进行催付，客服可以先查看客户的聊天记录，了解客户的购买信息，然后询问客户未付款的原因，针对具体问题提供帮助，让其尽快付款。

只有了解客户未付款的真实原因，才能有针对性地帮助客户，尽早促成交易的完成。客服可以说："亲，您拍下的宝贝（附带链接）还没付款，有什么我可以帮助到您的吗？"客服还可以巧妙地借用时间紧迫感来催付，告诉客户产品是限量版、仅限今天付款有效或者现在付款当天可以发货等，客服话术如："亲，您拍下的宝贝还没付款，16:00前付款的订单我们当天安排发货！"

客服收到客户回复要认真分析和对待。如果是付款过程中遇到了问题，说明客户是真心想买的，客服只需主动了解原因，并协助客户处理好问题即可。如果遇到新手买家，客服要耐心指导付款操作，发图解教程让客户更容易上手。如果客户说不想买了，问问具体原因，得到信息后，礼貌回复，留个好印象结束对话即可，客服话术如："没关系，如果亲以后有什么需要，还是可以联系我的！"

客服要注意不能过度催付，表达也不能太过生硬，催付后一定要做备注，避免再次催付引起客户的不满。因运费或其他原因需要修改价格时，客服修改价格后要做好备注。

任务评价

结合理论知识学习和任务实施的具体过程，将操作内容记录在表2-30中，并对完成效果进行评价。

要求：表2-30列出的8个知识点，都是完成本任务必须要掌握的；2个技能点是售前客服必须掌握的，是本次评价的重点。

表2-30 客户接待和沟通技巧必备知识与技能评价表

项目	内容	简要介绍	评价				
			很好	好	一般	差	很差
知识	1. 进店问好						
	2. 接待咨询						
	3. 推荐产品						
	4. 处理异议						
	5. 促成交易						
	6. 确认订单						
	7. 礼貌告别						
	8. 下单发货						
技能	1. 能够灵活运用接待话术						
	2. 能够不断提升接待话术技巧						

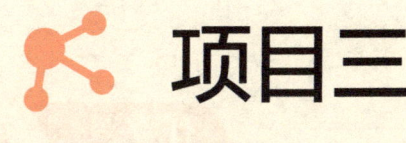

项目三
售中有效订单的处理

项目导学

网店售中客服的主要工作是对有效订单的处理,包括确认订单和确认发货。

通过本项目的学习,你会对售中客服工作有一定的了解,在今后接待客户的时候知道如何应对。

项目目标

- ◆ 了解应核对的订单信息内容。
- ◆ 掌握礼貌告别的方法。
- ◆ 能完成发货操作。
- ◆ 会查询快递信息。

任务一　确认订单

情景导入

通过前期培训，张婷已经掌握了一定的售前接待技巧。她最近在思考：在接待的过程中，如果客户已经下单，是直接感谢客户说告别话语，还是有其他操作？她意识到作为一名合格的客服，必须掌握客服工作的全部内容，因此，她主动找到主管要求学习售中客服的工作内容。

情景分析

售前咨询、售中引导和售后服务是网店客户服务工作的主要内容，在店铺经营过程中，小规模的网店一般未对客服进行划分，有一定规模的网店即使将客服进行划分，也只有售前和售后之分。在实际工作中，售前客服承担着售前和售中两方面的工作。在客户下单、售前工作结束后，售中工作要做的第一件事就是和客户核对订单。

任务实施

任务实施导航结构图：

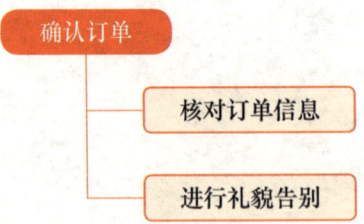

一、核对订单信息

利用网络查询不同电商平台需要核对订单的哪些内容，并设计核对订单信息的客服话术，填写在表3-1中。

表3-1 核对订单信息内容及话术

平台	核对订单内容	客服话术

二、进行礼貌告别

（1）请设计三句礼貌告别语，填写在表3-2的第二列。

表3-2 礼貌告别语

序号	礼貌告别语	他人评价
1		
2		
3		

（2）将设计的礼貌告别语读给同学或老师听，请他们对你的设计进行评价，完成表3-2中他人评价部分。

（3）认真思考他人评价的内容，对设计的礼貌告别语进行完善。

知识链接

一、网店售中服务概述

1. 网店售中服务的含义

网店售中服务是线上零售企业在商品销售过程中直接或间接为顾客提供的各项服务，主要包括核对订单信息、添加备注、礼貌告别、下单发货、物流状态跟进等。

对大多数网络商家而言，客服一般都只分为售前和售后，售中和售前并没有特别明确的区分。售中客服的工作职责是跟进订单，直到客户确认收货，完成交易。

2. 网店售中服务的内容

买家提交订单后，卖家后台的交易状态有：未付款/已付款、待发货/已发货、确认发货/退换货、交易完成、评价。

根据后台交易状态不同，售中客服的工作主要包括以下内容。

（1）对于未付款的订单，售前客服会与客户进行沟通，了解未付款的原因，也就是常说的催付；当因邮费或其他原因需要修改价格时，客服修改价格后要做好备注。

（2）对于已付款的订单，售中客服要与客户核对订单信息，然后礼貌告别。

（3）订单确认后，进入发货环节，一般大型公司的发货由仓库工作人员完成，小公司要由客服网上单击发货，填写、打印快递单，输入相应的快递单号。

（4）在客户确认收货前，可能会对快递情况进行询问，一般物流跟踪系统会清晰显示物流状态，大部分的客户会自己查看，少数新手买家会进行咨询，客服查看告知即可。若遇特殊情况，客服需要进入快递公司官方网站进行查询，或打电话给快递公司询问具体情况，然后告知客户。

二、核对订单与礼貌告别

1. 核对订单

客户下好订单，客服在收到客户订单付款信息后，要通过即时通信工具与客户取得联系，确认客户填写的信息是否正确，特别是收货地址、联系人姓名、联系方式、订购的商品信息等，避免因这些错误而引起的纠纷。

核对订单的目的是将重要内容进行强调，表达对所讨论内容的重视和澄清双方的理解是否一致，减少交易的差错率。

例如，确认订单的话术可以是："亲，您的订单已经收到，我们将尽快为您发货！您的地址是：××××××。感谢您的支持！"

核对订单信息可以提高服务质量指数，避免诸多后续售后问题，比如地址错误快递无法派送、联系方式错误客户无法收到快件、商品信息错误要求退换货等。

一般平台有固定的核对订单信息模板，主要包括收货人姓名、手机号码、详细地址等。

> **小经验**
>
> **添加备注**
>
> 客服在与客户沟通的过程中，或者在核对订单时客户有什么特殊要求，如指定快递或提出要赠送一个小礼品等，客服一定要做好备注。添加备注可以在咨询接待的任何时候，最好是和客户达成一致后立刻备注，避免因客服工作繁忙而忘记，从而失信于客户。

2. 礼貌告别

核对完订单之后紧接着就是礼貌告别。网店客服不同于实体接待，是通过计算机与客户进行交流，客户看不到客服的表情，因此不能简单地说"再见"，而要用丰富的表情符号以及礼貌的用语表达客服的热情。礼貌送客是客服对自己前期努力的完美收官，是让新客户成为老客户的一种重要手段。常用的礼貌告别话术如下：

（1）非常高兴可以接待您，您的慷慨就像海一样宽广，后续有任何问题您都可以联系我们，祝您生活愉快。

（2）感谢您的惠顾，我们会及时地把货发出，在发货前我们会严格检查，并仔细包装。请您在签收时务必检查产品外包装，当着快递员的面拆开包裹仔细检查，如发现数量不对或质量有问题，请不要签收，将包裹退回来，并及时和我们联系，我们会第一时间给亲处理的。感谢您对我们工作的支持和理解，任何问题我们都会帮您解决的，欢迎您的下次光临。

（3）非常感谢您的支持，我们有做得不好的地方，您都可以提出，我们会多加改进的。感谢您对××的支持，祝您生活愉快。

好的结束语可以给客户留下良好的印象，让客户获得满足感，幸福指数上升，在收到货后可能会给予良好的评价，甚至会在评价当中专门对客服提出表扬。

任务评价

结合理论知识学习和任务实施的具体过程，将操作内容记录在表3-3中，并对完成效果进行评价。

要求：表3-3列出的2个知识点是完成本任务必须掌握的；2个技能点是售中客服必须掌握的，为本次评价的重点。

表3-3 确认订单知识与技能评价表

项目	内容	简要介绍	评价				
			很好	好	一般	差	很差
知识	1. 核对订单						
	2. 礼貌告别						
技能	1. 能够核对订单技巧						
	2. 灵活运用礼貌告别话术						

任务二 确认发货

情景导入

张婷在思考：客服在和客户核对完信息后，有形产品要到达客户手中，必须经过物流公司的配送，在此环节客服该如何操作呢？

情景分析

和客户核对完订单信息后就是发货操作，客服需要了解一定的发货操作和物流知识。

任务实施

任务实施导航结构图：

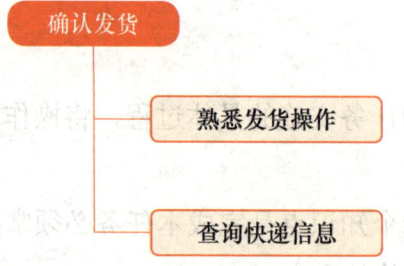

一、熟悉发货操作

1. 发货方法介绍

方法一：通过卖家后台单击发货。进入卖家后台，单击"交易"→"已卖出的宝贝"→"发货"，如图3-1所示。

方法二：通过千牛接待中心单击发货。进入千牛接待中心，打开聊天界面，在右下角找到交易状态为"待发货"的订单，单击"发货"，如图3-2所示。

项目三 售中有效订单的处理

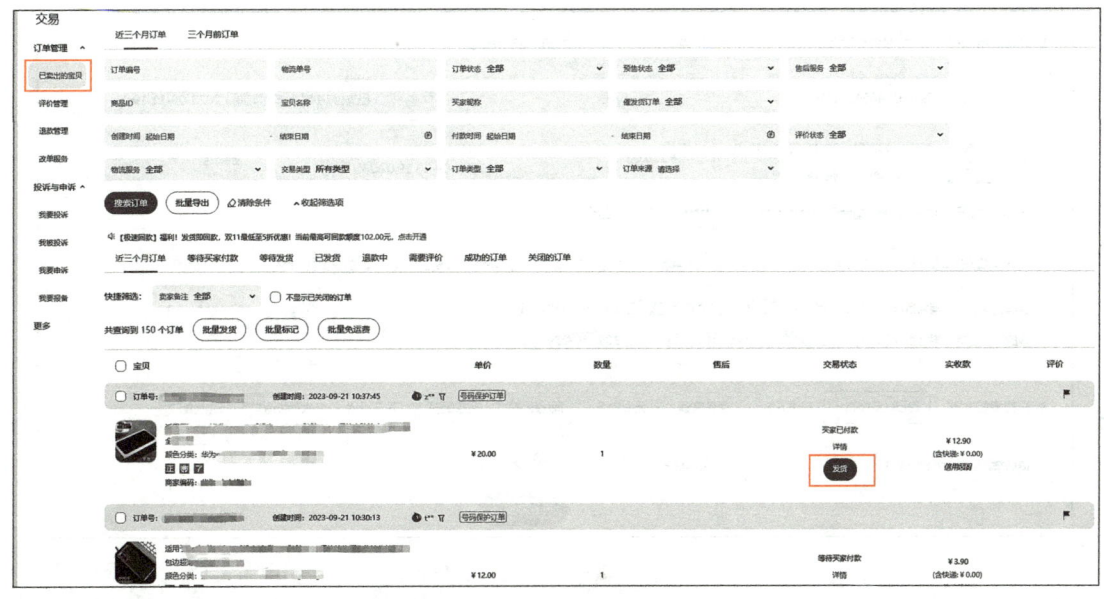

图3-1 交易后台发货界面

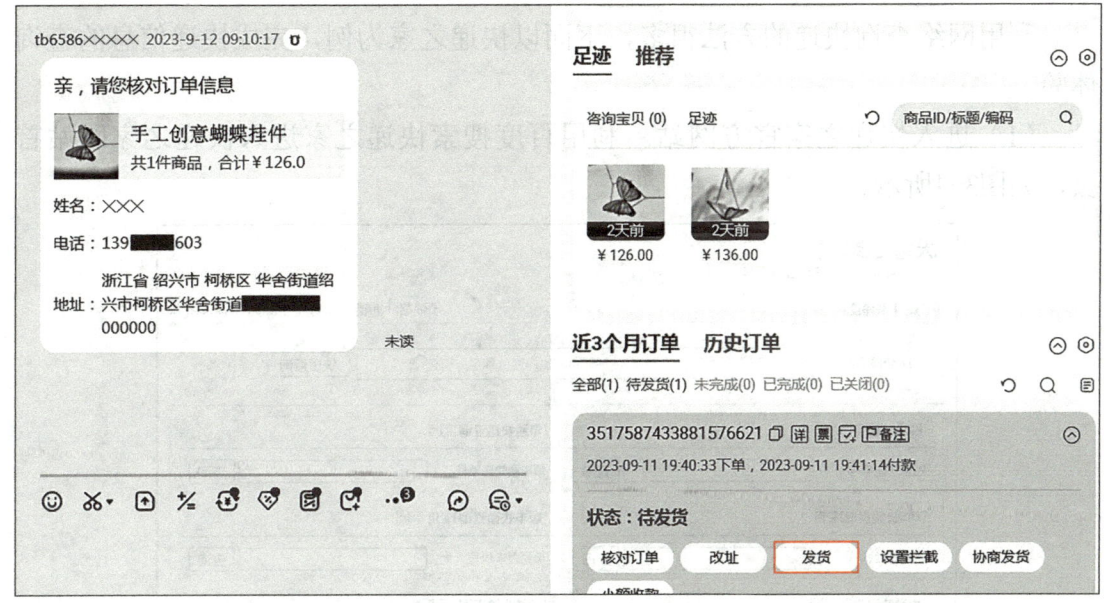

图3-2 千牛接待中心发货操作

2. 发货方式选择

工作人员可根据公司实际情况选择发货方式，如选择"自己联系物流"，则需添加物流单号，填写完毕，单击"确认并发货"按钮，系统会提示发货成功。选择其他发货方式，按提示完成相关操作，即可完成发货。选择发货方式界面如图3-3所示。

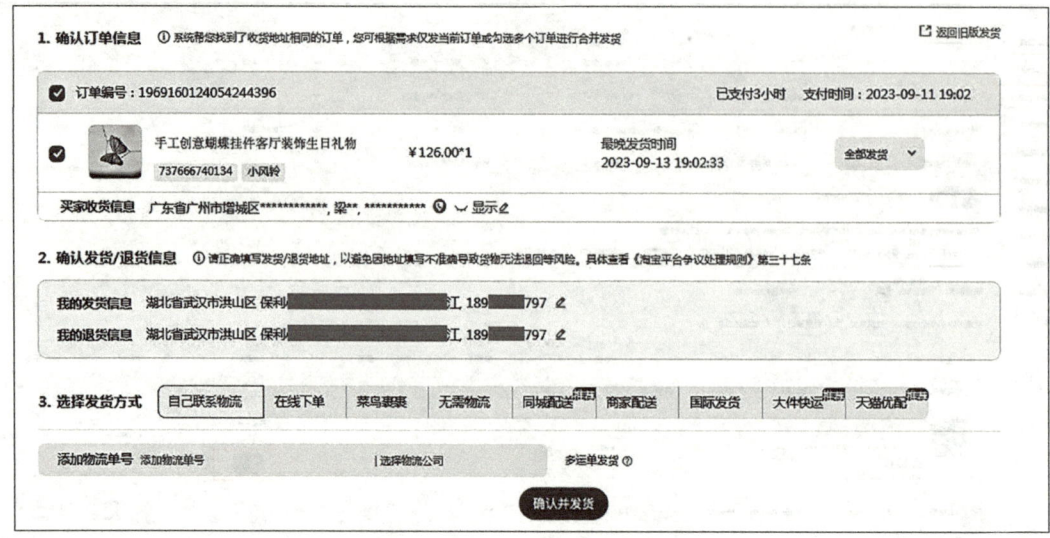

图3-3 选择发货方式界面

二、查询快递信息

利用网络查询快递的方法很多，下面以快递之家为例，完成快递信息的查询体验。

（1）进入快递之家官方网站。利用百度搜索快递之家进入快递之家网站首页，如图3-4所示。

图3-4 快递之家网站首页

项目三 售中有效订单的处理

（2）输入快递单号，查询快递信息。在"输入快递单号"栏中输入单号，单击"快递查询"按钮，即可查询到快递信息。

（3）记录快递之家官方网站查询快递操作步骤。将查询快递信息的操作步骤，填写在下面的横线上。

_____

_____

_____

知识链接

核对完信息，确认订单有效后，需要尽快进行发货操作。确认发货时，客服要做好备注和跟踪，这样能有效减少售后工作，节约售后成本。例如，客人拍下后更换尺码、更改颜色、更改地址，答应客人的优惠和当天发货等，都要认真做好备注，自己做好跟踪。对于特殊订单记得要联系跟单客服去跟踪安排。

发货

一、熟悉发货操作

商家通常会借助第三方工具来完成发货操作。不同的平台，商家发货操作的步骤略有不同，下面以千牛工作台为例，介绍打单发货的流程。

千牛工作台发货管理主要包括寄快递、发货、打单工具、打单和电子面单模块。

单击"发货管理"→"发货"，出现如图3-5所示的页面，可对需要发货的订单进行"批量发货"操作。

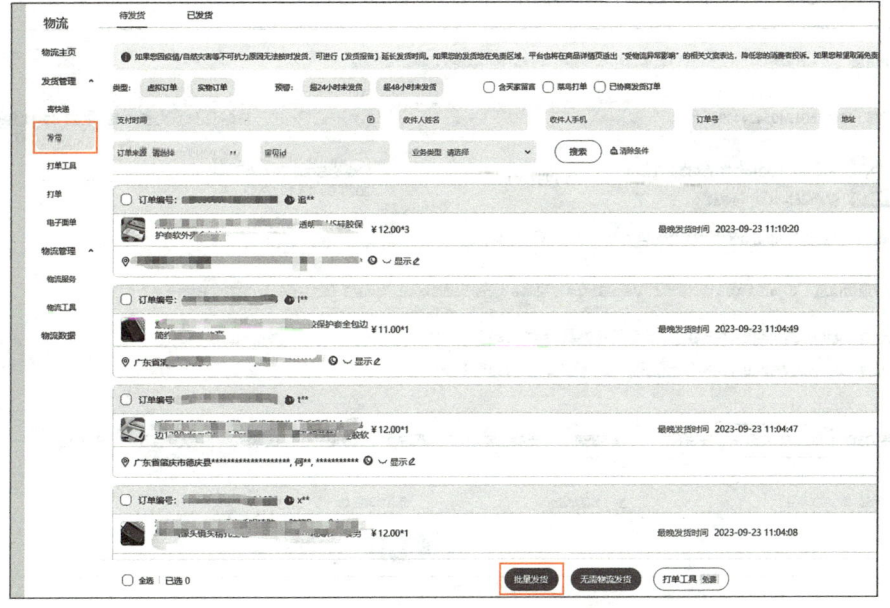

图3-5 千牛工作台发货页面

单击"发货管理"→"打单",选择需要发货的订单,可进行"仅打单"或"打单+发货"操作,如图3-6所示。

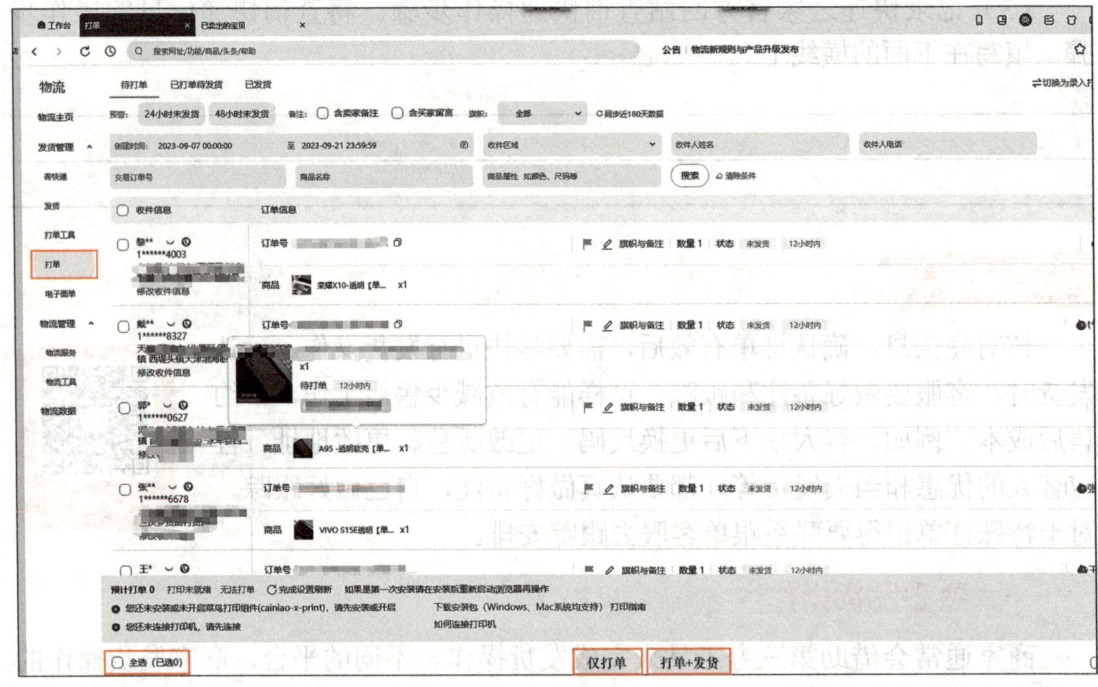

图3-6 千牛工作台打单页面

完成发货操作后,跳转到如图3-7所示的确认并发货页面。在此页面确认订单信息和发货/退货信息后,可根据销售商品的性质及公司具体情况,选择发货方式,然后按提示完成相关操作,最后单击"确认并发货"。

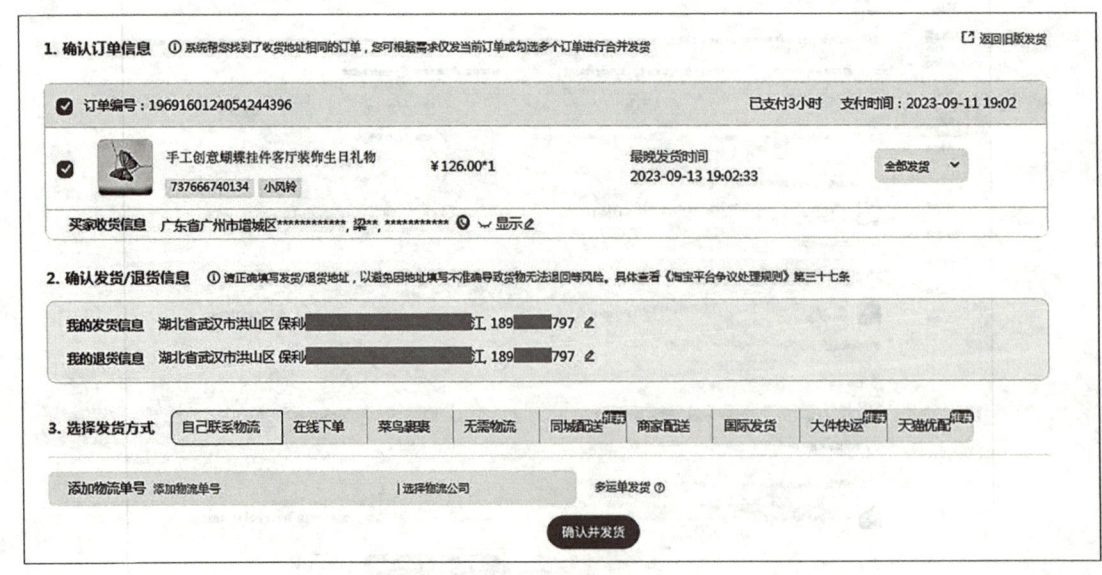

图3-7 "确认并发货"页面

小经验

一个快递单号只能给一个ID使用,不同的ID要使用不同的单号,一个快递单号也只能使用一次,不能重复使用。重复使用会涉及违规,可能要被处罚。例如,淘宝为了规避刷单,除非同一个客户,相同的收货信息,在短时间内同时下了两个订单,才可以同时用一个单号,系统默认的是合并发货,如果不满足以上条件,同一个单号就无法在一个店铺内使用。

二、查询快递信息

发货之后还需要帮助客户跟踪快递行踪,保证快递准确无误地到达客户手上。大部分电子商务网站与快递公司都有合作,在交易记录里可直接跟踪物流信息。若无,则可进入快递公司官方网站查询,或利用专门的快递查询网站进行查询。

下面介绍顺丰快递单号查询方法。

方法一:利用百度搜索"顺丰",在搜索结果中会出现查询页面,如图3-8所示。

图3-8 利用百度搜索"顺丰"

在顺丰速递快递单号栏中输入要查询的快递单号,单击"查询"按钮,出现如图3-9所示页面。

方法二:进入顺丰官网进行查询。利用搜索引擎搜索进入,或在浏览器地址栏输入顺丰官网网址https://www.sf-express.com,按回车键进入。顺丰官网首页如图3-10所示。

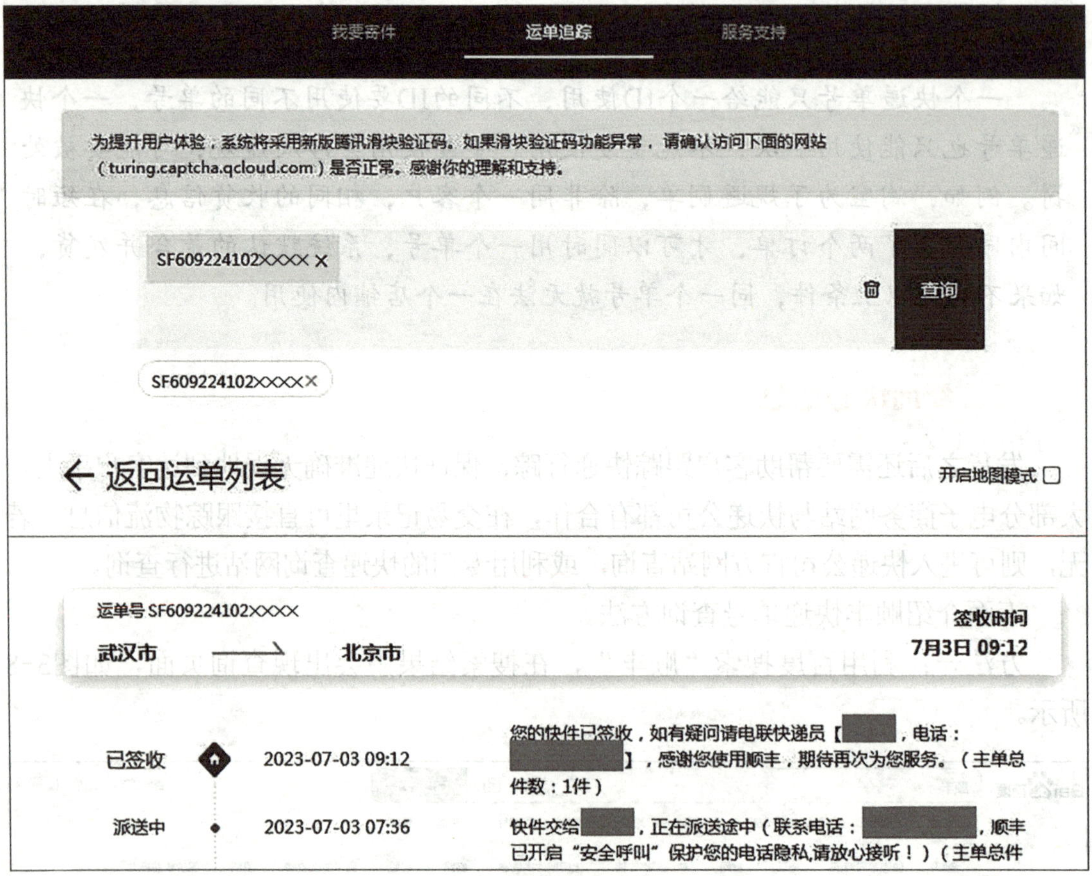

图3-9　最新快递状态查询页面

图3-10　顺丰官网首页

项目三 售中有效订单的处理

在首页的查询栏中输入快递单号，单击"马上查单"按钮，即可查看查询结果，如图3-11所示。

图3-11 顺丰快递查询页面

"运单详情"中会详细记录快件的去向。有异常动态的情况下，可以电话联系快递公司进行查询。顺丰快递全国统一查询电话是：95338。

小经验

寄件方可以找寄件公司查询快件信息，有问题可以联系寄件公司进行处理。若需要改地址、快件拦截退回等，也都是找寄件公司完成。

对于询问快递的客户，客服将查询结果如实告知，再安慰下即可。如果快递信息超出两天未更新，可能是因为客户所在地较偏远，派送时间长，需要到达当地中转站扫描后才会更新。客服应查询核实具体情况，负责跟进，有新进展后可以用即时通信工具给客户留言，或者发短信、打电话通知。

任务评价

结合理论知识学习和任务实施的具体过程，将操作内容记录在表3-4中，并对完成效果进行评价。

要求：表3-4列出的2个知识点是完成本任务必须掌握的；2个技能点是售中客服必须掌握的，为本次评价的重点。

表3-4 确认发货知识与技能评价表

项目	内容	简要介绍	评价				
			很好	好	一般	差	很差
知识	1. 熟悉发货操作						
	2. 查询快递信息						
技能	1. 能够进行发货操作						
	2. 能够进行快递信息查询						

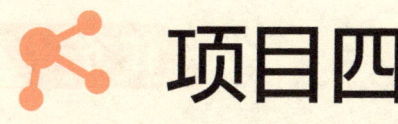

项目四
售后交易纠纷的处理

项目导学

对一个网店来说,良好的售后服务不仅是买方市场条件下参与市场竞争的利器,也是保持客户满意度、忠诚度的有效举措,更是企业摆脱价格大战的一剂良药。

通过本项目的学习,你会对退换货处理、退款处理、应对投诉纠纷和评价管理等有一个全面的了解,并能掌握一定的售后客服处理问题的方法和技巧,为顺利进行售后服务工作做好铺垫。

项目目标

- ◆ 了解退换货的流程,掌握退换货处理的规定和技巧。
- ◆ 掌握退款处理的方式和技巧。
- ◆ 正确认识客户的投诉,掌握处理客户投诉的步骤和技巧。
- ◆ 正确处理差评,掌握评价管理的技巧。
- ◆ 具备较好的客户服务意识、耐心细致的工作态度和临场应变能力。

任务一　处理退换货

情景导入

张婷在广西五十二度电子商务有限公司客服部工作，认为很有必要了解客户售后服务工作，熟悉售后服务方面的规则，才能更好地为客户服务。于是张婷打开计算机，了解天猫退换货的流程，查看退换货规则，然后向公司有经验的客服人员请教退换货的处理方法。

情景分析

张婷想收集、查看天猫退换货规则，她先进入天猫首页，了解了天猫退换货流程，熟悉了七天无理由退换货的规定和有关退换货的相关规定。

任务实施

任务实施导航结构图：

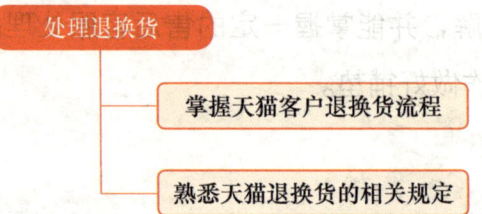

本环节以天猫网站为例，熟悉天猫退换货相关流程及规定。

一、掌握天猫客户退换货流程

（1）申请售后。在天猫首页单击"我的淘宝"，在"已买到的宝贝"中找到需要退换的商品，单击"申请售后"，如图4-1所示。

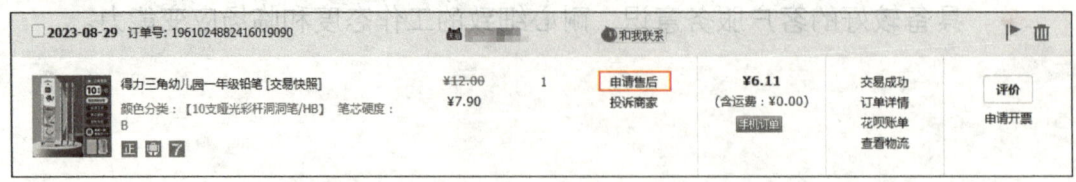

图4-1　申请售后

（2）选择申请的服务类型。根据个人实际情况，选择单击"我要退款（无需退货）""我要退货退款"或"我要换货"，如图4-2所示。

项目四 售后交易纠纷的处理

图4-2 选择申请的服务类型

（3）填写退换货申请。如果是退货退款，填写退货退款申请，如图4-3所示；如果是换货，填写换货申请。

图4-3 填写退货退款申请

（4）等待卖家处理。如果是退货退款，提交申请后等待卖家处理，系统给予卖家2天时间处理申请，如图4-4所示。如果卖家同意，则买家进行退货，卖家收到退货后退款。如果是换货，按提示完成操作。

图4-4 等待卖家处理

二、熟悉天猫退换货的相关规定

(1)查看"七天无理由退换货"的相关规定。登录天猫首页,将鼠标移至网页右侧滚动条处,拖动滚动条至网页最下方,出现如图4-5所示的页面,单击"七天无理由退换货"查看相关的规则。

图4-5 天猫官网首页底端

(2)熟悉"七天无理由退换货"规定。根据所了解的"七天无理由退换货"规定,完成表4-1的填写。

表4-1 "七天无理由退换货"规定

序 号	问 题	问题的解答
1	什么是天猫七天无理由退换货	
2	"七天无理由退换货"的七天如何计算	

（续）

序 号	问 题	问题的解答
3	买家提出"七天无理由退换货"服务申请的条件是什么	
4	"七天无理由退换货"服务申请具体有哪些流程	
5	"七天无理由退换货"中涉及的运费由谁承担	
6	"七天无理由退换货"中卖家义务及违规处理有哪些	

知识链接

网络交易中，买家购买商品后觉得商品不合适、商品质量有问题或者其他原因提出退换货请求，这时卖家需要根据具体原因与买家进行协调。网上商家大都提供不同的退换货服务。

一、退换货的常见类型及处理方法

1．买家退换货常见类型

买家退换货常见类型主要有以下三种：

（1）未确认收货前的退换货。

（2）买家已经确认收货并进行评价后的退换货。

（3）由于物流原因造成的退换货。

2．常见退换货处理方法

网店经营过程中，退换货的情况会经常发生，商家要正确处理。退换货的过程是卖家与买家协商交流的过程，是否能够得到好的解决在很大程度上取决于双方交流的态度。至于是退货还是更换，则需要根据实际情况来确定。对于退换货的买家，卖家应该以诚恳的态度面对，对于能够换货解决的交易，应说服买家更换商品，尽量避免退款。因为更换商品，卖家依旧可以赚取利润，而如果退款，就没有任何利润了，有时卖家还要承担一定的快递费用。

下面针对上述三种买家退换货的类型，分别介绍卖家处理退换货的常用方法。

（1）未确认收货前的退换货。未确认收货有两种情况：一是买家未收到货物未确认收货，即卖家已经发货，买家还未收到货物时提出了退换货请求；二是买家已经收到货物未确认收货，即买家已经收到快递公司送达的商品，但在网上还未确认收货。无论哪种情况，当买家提出请求后，客服都要认真询问买家申请退换货的具体原因，然后有针对性地消除买家的疑虑，最好能让买家放弃此次退换货申请。如果买家态度坚决，则指导买家提出退换货申请，正确选择退换货原因，完成网上申请操作。若买家还未收到货物，则告诉买家在收快递环节选择拒绝签收或由卖家联系快递公司追回商品。若买家已收到货物，则告知买家寄回信息，让买家联系快递公司将商品寄回。卖家一定要在平台规定的时间内进入后台处理买家的退换货申请，尽可能给买家一个满意的回复。

（2）买家已经确认收货并进行评价后的退换货。买家已经确认收货并评价，但商品在使用过程中（指定时间范围内）出现质量问题。对于这类情况，卖家需要具体分析并以良好的态度与买家协商解决。如果是商品自身原因，那么应当积极为买家退换；如果是买家原因，那么可以向买家详细说明与协商，切不可因为已经收到货款而强硬拒绝买家的任何退换货请求。

（3）由于物流原因造成的退换货。物流公司在运输过程中导致商品的损坏或者污损是买家退换货的常见原因之一。如果责任属于物流公司，那么当买家提出退换货要求后，卖家应当积极联系物流公司并协商处理以及索赔，其间最好能够给买家一个较好的答复与解决方法，千万不能因为物流公司的原因，最终将责任转嫁到买家身上。

> **小经验**
>
> 卖家在制作店铺公告或者商品页面中的备注内容时，最好提供退换货承诺说明，避免因说明不清带来不必要的麻烦，影响店铺信誉等。

总之，在不断销售商品的过程中，偶尔遇到退换货的买家是很正常的，不论出于何种原因的退换货，卖家都要以理性的态度来对待，当买家提出退换货请求后，需要认真分析退换货的原因并给出良好的解决方案。

二、退换货中运费的处理

在退换货的过程中有一个很重要的问题——退换货过程中产生的运费应该由谁来承担。退换货中运费的处理见表4-2。

表4-2 退换货中运费的处理

退换货原因	具 体 表 现	运费由谁来承担
卖家原因	这类情况包括卖家在发货时发错商品，如尺码、型号、规格错误等	一般需要卖家来承担退换货过程中产生的所有运费
物流原因	在物流运输过程中出现商品污损、损坏或丢失等情况	由卖家先承担，再由卖家和物流公司协商索赔
买家原因	这类情况包括买家选购商品失误导致的错误，如购买服饰时尺码选择错误等	一般需要买家来承担退换货过程中的运费

项目四 售后交易纠纷的处理

有些第三方电子商务平台或商家为了让大家的损失降到最小，与保险公司合作推出了针对网络交易的运费险。买卖双方均可投保，买方购买运费险，发生退换货时，保险公司会在规定的时间内按约定对买方的退换货运费进行赔付；卖家购买运费险，如果发生退换货，则可以帮助卖家减少损失。运费险的理赔金额是根据买家的收货地址和卖家在系统里预留的退货地址进行首公斤价格赔付（具体以保单为准）。

> **小知识**
>
> **运 费 险**
>
> 运费险全称为退货运费险，是保险公司针对网络交易，为解决买卖双方在退货中由于运费支出产生的纠纷，适时推出的退货运费险产品，也简称退运险。退运险分为买方退货运费险和卖方退货运费险两个类别。区别为：由买方支付保险费的为买方退货运费险，反之为卖方退货运费险。在淘宝网商品交易中，买方退货运费险目前仅针对淘宝网支持七天无理由退换货的商品，买方可在购买商品时选择投保，当发生退货时，在交易结束后72小时内，保险公司将按约定对买方的退货运费进行赔付，赔付金额根据距离、商品重量计算。卖方退货运费险是指在买卖双方产生退货请求时，保险公司对由于退货产生的单程运费提供保险的服务。卖方退货运费险目前只针对参加"七天无理由退换货"的商家。

三、退换货处理的技巧

退换货处理的技巧有四点，如图4-6所示。

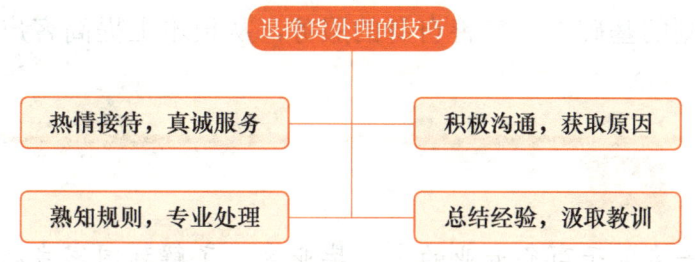

图4-6 退换货处理的技巧

（1）热情接待，真诚服务。当客户提出退换货请求时，意味着交易可能失败，售后客服在接待客户的过程中，更要做到有礼、有节、有度。热情接待会让客户感觉到并未因为要退换货而受到冷落，反而受到了重视。当客服用心为客户服务，用心关心客户时，客户不仅会感谢客服，还可能做出更大、更好的回馈，为客服想出更好的方案。

（2）积极沟通，获取原因。客户提出退换货请求一定是有原因的，可能是产品的原因，也可能是客户个人原因。但有时客户会随便找个理由，如不喜欢，而不愿意说出真实的原因。客服只有通过与客户真诚的沟通，才能了解客户退换货的真实原因，进而有针对性地为客户服务。在沟通的过程中，客服态度一定要真诚，要表明自己乐于帮助客户解决此类问题，最后询问客户出于什么原因要求退换货。只有积极、热情的沟通才能得到客户的信任，达到事半功倍的效果。

（3）熟知规则，专业处理。不同的平台、网站和网店有不同的退换货规则，客服要熟知相关规则。客服在遇到客户要求退换货的时候，要正确地利用退换货规定去处理。按规办事会让客户感受到客服的专业，得到客户的信服，但一定要注意沟通方式，用语不能过于生硬。例如，客户说质量有问题，按网店规则是需要客户拍照的，客服可以这样说："亲，能麻烦您拍几张照片发过来吗？"如果确实是质量问题，要马上向客户道歉，并且承诺退换货，来回的邮费由卖家自己承担，尽最大的诚意让客户感受到卖家对客户是负责任的。如果看不出质量问题，可继续与客户进行沟通，帮助客户解决问题。

（4）总结经验，汲取教训。客服在处理客户退换货时，要善于从退换货原因中汲取经验教训，总结退换货原因，然后制订相应解决问题的措施。例如，如果因为产品色差导致客户退货，那么在以后销售这类商品时就要向客户解释由于拍摄原因可能存在一定的色差，从而尽量避免因此而导致的退货问题。总结经验，汲取教训，能有效减少退换货问题的发生，使店铺的发展越来越好。

客服退换货处理技巧

总之，网上开店遇到退换货问题是不可避免的，网店客服要在熟练了解和掌握退换货规则的基础上，完善自身的服务，从根本上提高客户的购物体验和满意度。

素养之窗

小丽是一名电子商务专业的中职毕业生，了解到国家乡村振兴战略的相关政策后，决定回乡创业。她在淘宝上申请了一家以经营当地农产品为主的网店，取名为"瓜果飘香"，和家人一起经营，希望利用网络平台帮助当地农户提高农产品的销量和经济收入。网店的销量和评价一直还不错，坚定了小丽留在乡村继续发展的信心。

有一天，老顾客老王在网店购买了2.5kg装的芒果，共花费29.99元，收到货后发现芒果个头不均，有部分有小黑点和软烂现象。老王跟网上客服说明情况，要求退货退款。客服小丽问老王一共收到多少个芒果，并要求老王把所有坏果同快递单一起拍照发过来，以便核实坏果的数量，老王拍了张图片上传，留言说看上去都吃不了，退回去给你们，把钱退给我。

小丽查看了老王的购买记录确定老王是老客户，马上打电话给老王，"您好！王先生，我是瓜果飘香的客服小丽，很抱歉这次给您带来不好的购物体验，我们的芒果都是现采现发肯定是新鲜的，由于包装和物流时长的问题导致了芒果损坏，您也是我们店铺的老客户了，说明对我们的宝贝非常认可，非常感谢您支持我们果农，您看这样好不好，这一单您先确认收货，您再重新拍一单，我们改价0元马上发货，相当于赠送给您作为补偿，也希望您继续支持我们，收到货后给个好评！谢谢您！"老王同意了小丽的处理意见，这笔订单顺利成交。

小丽作为电子商务专业的学生对于国家乡村振兴的政策比较了解，有良好的责任担当意识，并能利用所学的知识和技能服务当地农村经济发展。在经营网店过程中，小丽有良好的客服服务意识，与客户进行深入的情感交流，站在客户角度耐心细致地解决问题，并有良好的应变能力。在问题解决过程中，针对农产品运费成本高，退回需要时间，水果也会坏，钱货会两空的情况，小丽劝服老王不操作退货退款；然后，在了解老王是老客户后，利用老客户忠诚于产品的情感打动老王，动之以情，晓之以理，得到老王的理解；最后以重新下单的形式来替换退换退款和补发，为店铺争取增加订单量和好评，加强老王对店铺产品的信任，维护了店铺的良好信誉。

四、企业退换货处理应对策略实例

一般店铺遵循七天无理由退换货规则，消费者在签收商品之日起七天内，对支持七天无理由退换货的商品且符合商品完好标准的，可向商家发起七天无理由退货或换货申请。换货成功商品在签收商品之日起七天内，对支持七天无理由退换货的商品且符合商品完好标准的，可向商家再次发起七天无理由退货申请。

退换货处理需要有一定的应对策略，表4-3以服装类商品为例，对退换货的应对策略进行简单介绍。

表4-3 退换货应对策略

情形	描述	应对	评价
七天之后的退换货处理	客户买了衣服，穿了几次后发现起球了，现已超过七天，还可以退换吗	亲，非常不好意思，您的订单签收时间已经超过七天了，因为时间太长，所以没有办法帮您办理退换手续，希望您谅解！您放心，这边可以给您分享一些我们处理起球的心得（将处理起球的方法发给客户，帮客户想办法，客户会因此感激客服的）	无论是否出现问题，超过七天是不能退换货的。如果碰到无理的客户，客服不要急，和客户说明原则，不要出现过激言论
七天内不影响二次销售的处理	客户觉得买到的衣服很好，不过有点不适合自己的风格，可以退吗	好可惜，衣服不适合您，不过我们的衣服质量、板型真得非常好，您看看身边有没有合适的朋友可以转手或赠送给朋友呢？您也可以再看看我们家有没有别的衣服适合您，我给您换货（打折）（客户说我们产品好，顺着客户的话，尽量劝说客户不退货或换货）	七天内出现退换货是正常现象，但要尽量降低退换率。客服可以采用退货转换货（换尺码或款式）、退货转优惠等方法。客服要基于服务，提高客户的忠诚度，争取更多的回头客
	客户买的衣服太小了，需要换大一码，不过吊牌剪了	亲，吊牌或者包装损坏，正常情况下是不能更换的，不过我还是希望帮您解决问题。您稍等会儿，我帮您和主管说明一下（根据店铺实际情况决定是否能换，过程中一定要把握客户的情绪）	
七天内出现质量问题或影响二次销售的处理	客户刚收到衣服，扣子就掉了，怒气冲冲来投诉	亲，十分抱歉给您带来麻烦了（安抚），可能是因为包装时扯到了，导致扣子松动（解释），不过您不用着急，我们肯定会给您处理好的（定心）。因为寄回来换货太耽误您的时间（强调对客户不利的地方），您到裁缝店重新缝牢一下，费用方面我们帮您报销（方案）。这也不贵，之前客户处理一下就10元左右，您到时候处理完看多少钱直接联系我们，我们给您打款到支付宝里（铺垫，避免客户狮子大开口）。这次麻烦您了，以后我们会加强这方面的管理，越做越好（最后再安抚一下客户的情绪）	以公司利益为前提去思考解决方案，可以将给出的补偿金额和正常换货邮费的金额进行对比。过程中一定要体会客户的情绪并预测事件后果，不要有太多的斡旋，以免引起差评或投诉
	客户买的衣服洗过一次就严重缩水，已经不能穿了，要求退货	（看过照片之后）亲，真是非常抱歉，给您添麻烦了，因为缩水率每件衣服都有，正常洗涤是不会影响穿着，可能这次出现了一些不可抗的因素，导致缩水比较厉害。缩水的衣服通过熨烫是可以复原的，亲，您拿到干洗店熨烫一下，费用方面我们承担	解决的方案以换货为主，基本不做退货处理，可以从评价和销量的角度说明不是每一件商品都是这样的，引导客户接受补偿或换货。客服要进行温和的处理，要以大局为重，有一颗"亏心"；根据客户的性格，做出不同的处理，不过目的都是以最小的代价避免更大的不良后果
		（客人不同意自己处理，要求换一件）亲，正常穿洗过的衣服是不能退换的，我提一个方案您看是否可以？就是您给我们修复的费用，把衣服寄回来，我们帮您修复，复原好后给您寄过去，如果无法修复，我们就给您重新换一件	

(续)

情　形	描　述	应　对	评　价
七天内出现质量问题或影响二次销售的处理	衣服客户穿过起球了，要求退货	亲，我们的衣服质量非常好，好的衣服更要您多加爱护，起球和衣服的材质及洗涤方式有关。您的衣服已经穿过了，确实无法直接给您退换，但既然您联系上我了，我肯定是想给您一个合适的处理方案。现在有两个方案：一是您去专业的干洗店修复一下，费用我们帮您报销一部分；二是您可以重新拍一件喜欢的，我给您成本价，这次您要多加爱护呀。您也可以下次再来买东西时，我们给您比较大的优惠。您看呢？（具体方案要根据当时客户的情绪和店铺实际提出）	以为公司节约更多的售后成本为前提，给出一个合理的处理方案就可以了。这种情况主要以补偿和优惠为主

小案例

网购家具货不对板，协商退货时起纠纷

2022年年底，南宁市民杨先生在淘宝某家具店看中一套沙发，遂付款订购。2023年1月12日，当家具到货后，杨先生发现家具实物在颜色和材质上均与卖家的宣传图片有较大出入，而且卖家在网上标明出售的是某品牌沙发，但发来的沙发属于"三无"产品。杨先生认为，卖家盗用其他商家的高档产品图片，其行为属于欺诈。

当杨先生与卖家协商退货遭拒后，遂申请淘宝网仲裁，卖家最终同意退货退款，但双方却因1 000元的运费再起争执。随后，杨先生将卖家告上法庭。

以案说法：非定制家具属于七天无理由退货商品。

案例的焦点在于该家具是否为个性定制家具。虽然卖家主张该家具为定制家具，但在该家具商品页面的"宝贝详情"一项中载明了"不可定制"，图片介绍也详细描述了各种型号货品的具体尺寸，因此，法院认定该家具并非定制商品，符合七天无理由退货商品的要求。另外，此次退货是因卖家造成的，来回运费应由卖家承担。

任务评价

结合理论知识学习和任务实施的具体过程，将操作内容记录在表4-4中，并对完成效果进行评价。

要求：表4-4列出的3个知识点，第1、2个知识点要求有一定的了解，第3个知识点是要求掌握的内容；2个技能点重在熟悉天猫退换货的相关规定。

表4-4 处理退换货知识与技能评价表

项目	内容	简要介绍	评价				
			很好	好	一般	差	很差
知识	1. 退换货的处理方法						
	2. 退换货中运费的处理						
	3. 退换货处理的技巧						
技能	1. 能够在天猫平台进行退换货操作						
	2. 能根据天猫退换货的相关规定处理退换货申请						

任务二 处理退款

情景导入

张婷希望自己在客服部能更好地处理售后工作中出现的客户退款问题，所以她继续以客服的身份收集、熟记天猫退款流程和规则，然后请教公司有经验的客服人员，希望在以后的工作中能较好地处理此类问题。

情景分析

张婷继续在天猫官方网站了解客户的退款流程，并熟悉退款的相关规定，希望在以后处理客户的退款工作中得心应手。

任务实施

任务实施导航结构图：

```
处理退款 ─┬─ 掌握天猫客户退款流程
          └─ 熟悉天猫退款的相关规则
```

本环节以天猫为例，了解退款的流程和规则。

一、掌握天猫客户退款流程

1. 学会申请"仅退款"的操作流程

（1）在天猫首页，单击"我的淘宝"进入"已买到的宝贝"，找到需要申请退款的交易，单击"申请售后"，如图4-7所示。

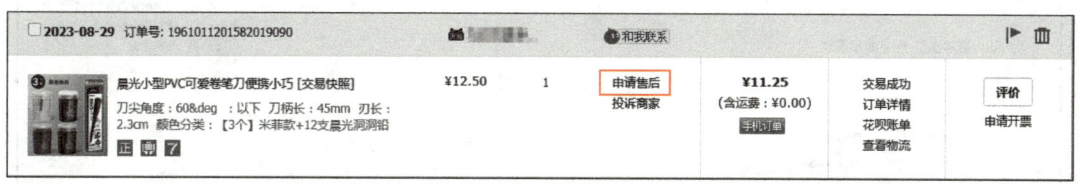

图4-7　申请售后

（2）选择申请的服务类型。在出现的页面中选择"我要退款（无需退货）"，如图4-8所示。

图4-8　选择"我要退款（无需退货）"页面

（3）提交退款信息。"服务类型"系统自动显示"仅退款"；"货物状态"可根据实际情况选择"未收到货"或"已收到货"，"退款原因"根据实际情况填写；"退款金额"由系统自动显示，不超过商品总价。前四项为必须选择项，后两项"退款说明"和"上传图片"可自由选择是否填写，如图4-9所示。

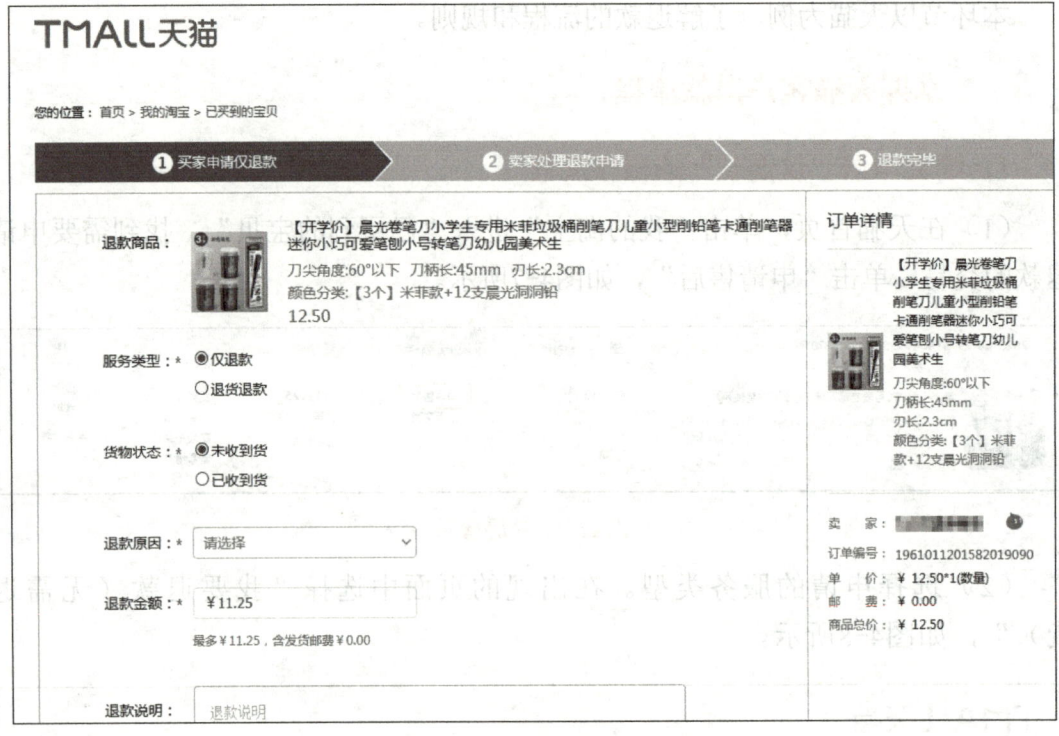

图4-9 买家申请仅退款页面

（4）等待卖家处理退款申请。提交申请后系统会有相应的提示，如图4-10所示。后续可以进入"已买到的宝贝"页面，选择"退款处理中"查看退款的详细信息及卖家答复。

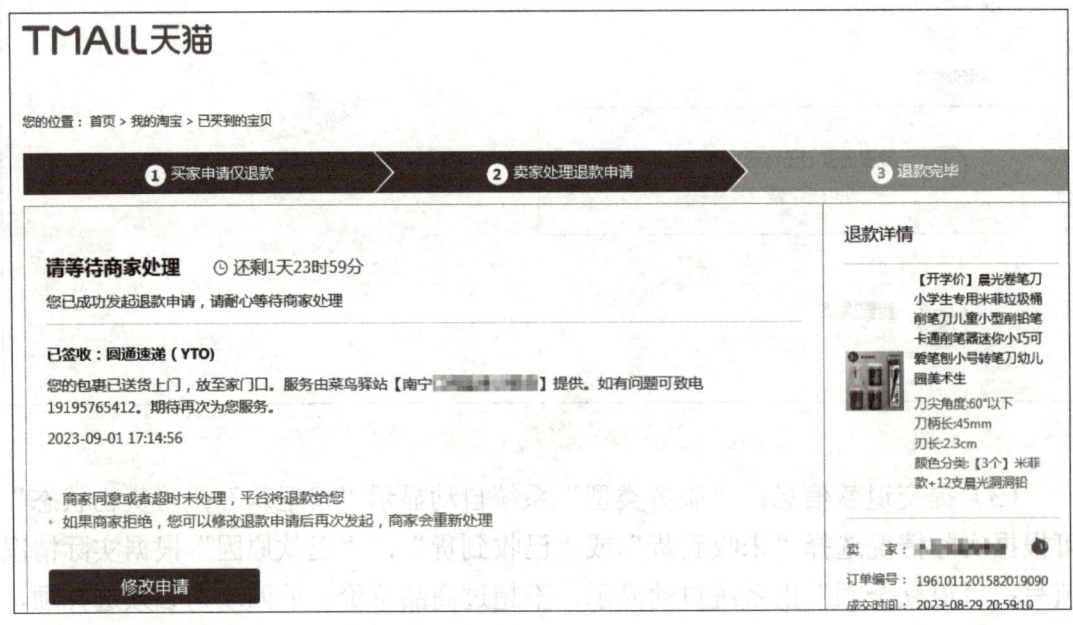

图4-10 等待卖家处理退款申请

（5）退款完毕。卖家需在48小时内同意或拒绝买家的退款申请，若卖家同意退款协议，款项会退回给买家；如果卖家拒绝，买家可以修改退款申请后再次发起，与卖家协商重新处理。若无法协商解决，可申请天猫客服介入。如果是还没有发货的订单，买家发起退款可秒退。

2. 学会申请"退货退款"的操作流程

（1）在天猫首页，单击"我的淘宝"进入"已买到的宝贝"，找到需要申请退货退款的交易，单击页面上的"退款/退换货"，如图4-11所示。

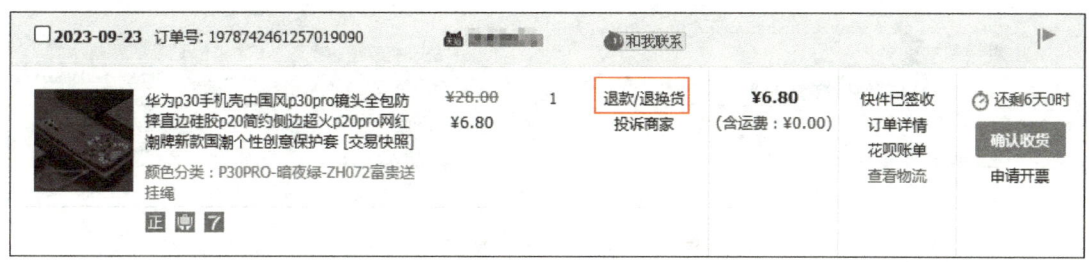

图4-11　申请退款/退换货页面

（2）选择申请的服务类型。在出现的页面中选择"我要退货退款"，如图4-12所示。

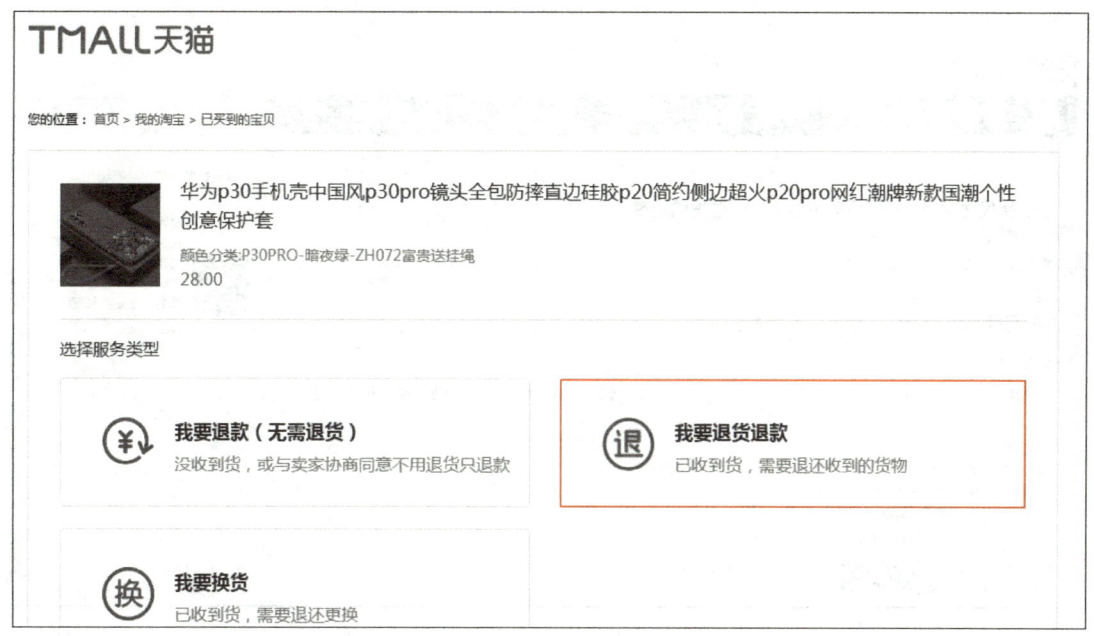

图4-12　选择"我要退货退款"页面

（3）买家申请退货退款。在买家申请退货退款页面选择服务类型、退款原因，填写退款金额等信息，如图4-13所示。

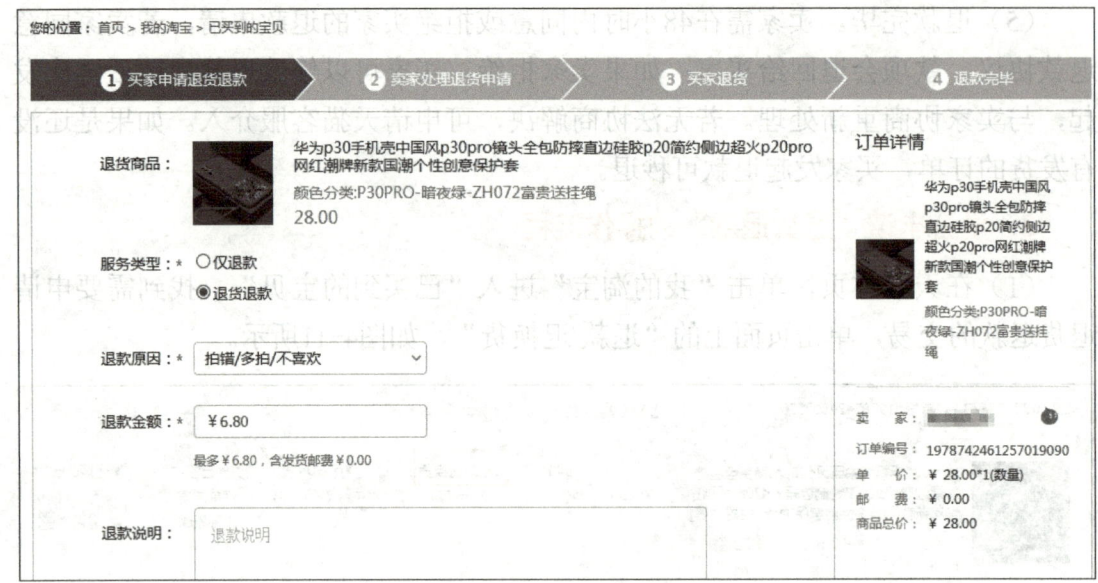

图4-13　买家申请退货退款页面

（4）卖家处理退货申请。买家提交申请退货退款后，若卖家同意退货退款，会出现如图4-14所示的页面，页面上会出现卖家的退货地址。

图4-14　买家退货页面

（5）买家退货。如果退货方式选择"菜鸟裹裹上门取件"，则选择取件时间，预约快递上门，如图4-15所示。如果退货方式选择"自行快递寄回"，则需要填写物流公司、物流单号、联系电话等信息，如图4-16所示。

项目四 售后交易纠纷的处理

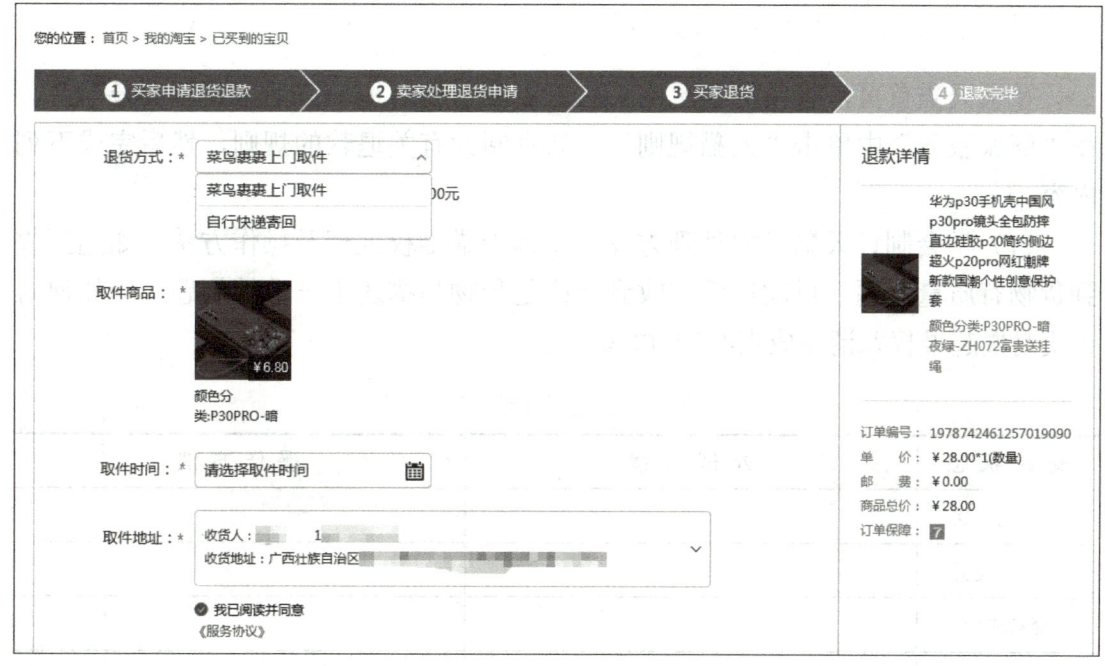

图4-15 买家退货"上门取件"信息输入页面

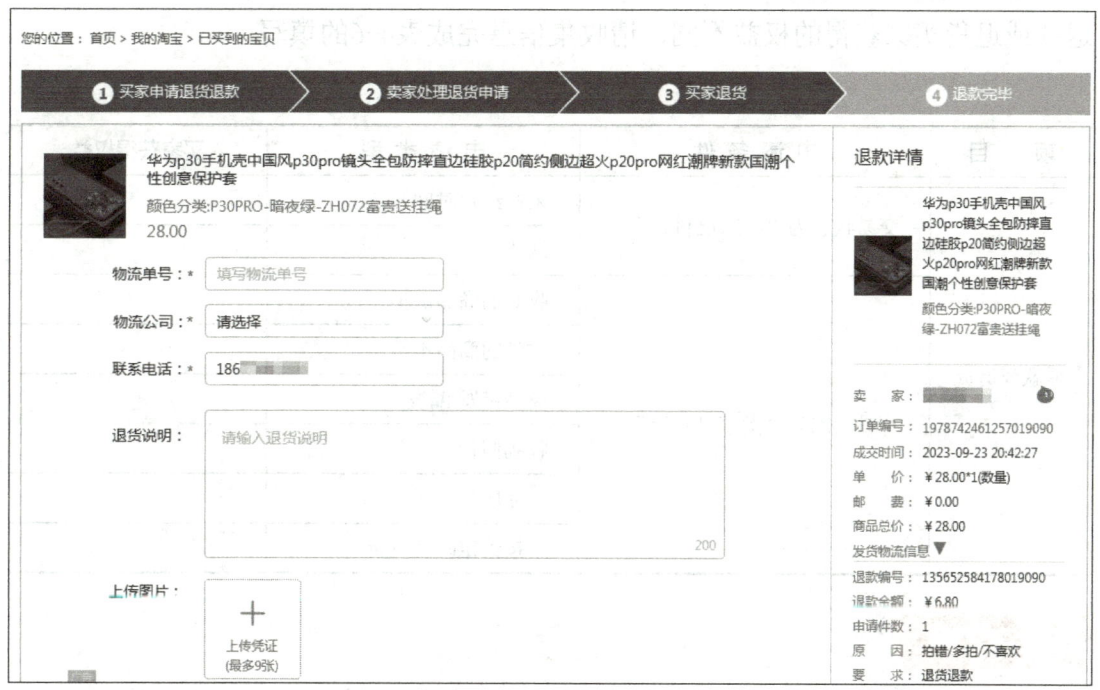

图4-16 买家退货"自行寄件"信息输入页面

（6）退款完毕。退货信息提交成功后，买家可等待卖家收到货物后进行确认。按平台规定的时间，如果卖家逾期没有处理，系统会自动退款给买家。

二、熟悉天猫退款的相关规则

登录天猫首页，将鼠标移至网页右侧滚动条处，拖动滚动条至网页最下方，在"商家服务"中单击"天猫规则"，认真阅读有关退款的规则，然后完成下列内容。

（1）学会制订天猫维权处理方案，掌握天猫维权处理及操作方法。如遇到收到货物有质量问题、付款后没有收到货或是货物与描述不一致等问题，应如何对该交易发起维权？请完成表4-5的填写。

表4-5 天猫维权处理及操作方法

交易状态	处理方案	操作方法
买家已付款		
卖家已发货		
交易成功		
交易关闭		

（2）熟悉不同情况下天猫退款或退货时买家获得的权益。不同情况下在天猫退款或退货买家获得的权益不同，请收集信息完成表4-6的填写。

表4-6 买家获得的权益

项目	申请条件	申请类型	买家获得权益
退款或退货	交易状态为"买家已付款"	未按约定时间发货	
		缺货	
	交易状态为"卖家已发货"	收到的商品破损	
		收到的商品不符	
		商品错发/漏发	
		收到假货	
		商品质量问题	
		未按约定时间发货	

知识链接

一、常见退款原因

客服了解退款的原因，对处理退款有很大的帮助。不同的退款原因有不同的处理方法，因此客服一定要熟记各类退款原因，在做退款处理时一定要小心谨慎。

通常，退款分为未发货状态下的退款和已发货状态下的退款，常见的退款原因见表4-7。

表4-7　常见的退款原因

交易状态		退款的具体原因
未发货		1．订单信息拍错（规格/尺码/颜色等） 2．我不想要了 3．与商家协商一致退款 4．地址/电话信息填写错误 5．没用/少用优惠券 6．发货速度不满意 7．缺货 8．拍多了
已发货	退货退款	1．拍错/多拍/不喜欢 2．商品成分描述不符 3．生产日期/保质期描述不符 4．三无产品 5．商品腐烂/变质/有异物 6．图片/产地/批号/规格等描述不符 7．卖家发错货 8．假冒品牌 9．收到商品少件/破损等 10．质量问题
	仅退款（未收到货）	1．拍错/多拍/不喜欢 2．快递一直未送到 3．未按约定时间发货 4．快递无跟踪记录 5．空包裹/少货 6．其他
	仅退款（已收到货）	1．商品成分描述不符 2．生产日期/保质期描述不符 3．三无产品 4．商品腐烂/变质/有异物 5．图片/产地/批号/规格等描述不符 6．卖家发错货 7．假冒品牌 8．收到商品破损等 9．质量问题 10．少件/漏发 11．其他

二、买家退款的不同情形

（1）直接退款。当买家刚刚提交了订单，付了款，货物没有发出，然后发现信息填写错误或者不想要了。此时买家只要找到已买到的宝贝单击"退款"按钮即可。

（2）快递返回后退款。当买家已经付款，货物已经发出，这个时候买家不想要了，这种情况下，如果快递员电话通知买家货已到，买家需要在电话里告诉快递员不想要了，拒绝签收，然后由快递公司将快递退回。之后买家与卖家协商，告诉卖家不想要了。通常等快件退回卖家，再申请退款。

（3）补偿性退款。如果买家已经签收，此时发现货物不满意，买家可以和卖家协商，说明情况。如果确实存在磨损或者质量问题，买家可以让卖家给予补偿，卖家通常会返一部分钱给客户。

（4）退货后退款。如果是买家已经签收，确实需要退货，买家可先申请退款，然后按卖家要求将快递寄回，卖家收到货物后会进行退款。通常，卖家会告诉买家收件人、地址和联系方式，买家要自付运费，如果有运险费的话，保险公司会补偿买家一部分运费。在寄回的快件中记得按卖家要求在小纸条上写明买家的旺旺名和订单编号。

实际上，在买家付款、卖家没有发货时，只要买家申请退款，钱很快就会退回到支付宝或银行卡中。其他情况需要一定的时间，所以建议网络购物时谨慎些，不要经常退货、退款。信用好的买家在一些时候可以享受"极速退款"待遇。

> **小经验**
>
> 极速退款是天猫和淘宝网为交易诚信记录良好的会员提供的优质服务，目的是让在网上交易诚信记录良好的会员享受到尊贵的退款服务。符合条件的买家通过在线交易，购买带有"极速退款"标识的商品，在订单成功支付后48小时内且卖家发货前申请退款，卖家将在约定时间内处理退款申请（超时未处理，视为卖家同意退款申请），卖家同意退款后，货款自动退还买家，减少退款买家等待时长。

三、不同情况下的退款时效及处理

买家自付款之时起即可申请退款，不同情况的退款时效及处理规定具体如下。

（1）自买家以下列原因发起退款/售后申请之时起，商家在相应"超时时限"内未发货（发货以天猫商家后台系统显示为准），或未处理买家退款申请的，淘宝处理如表4-8所示。

表4-8 退款时效及处理规定1

订单状态	退款类型及条件		超时时限	淘宝认定及处理	特殊场景说明
买家已付款（未发货）	退款	特殊类目及场景	24小时	淘宝通知支付宝退款给买家	
		其他	立即	淘宝通知支付宝退款给买家	
卖家已发货/交易成功	我要退款（无需退货）	设置了"支持售中自动退款"的电子凭证商品	24小时	淘宝通知支付宝退款给买家	
		除上述情形外	48小时	淘宝通知支付宝退款给买家	在买家催促/投诉等场景下，天猫将基于实际情况适当缩短商家处理时限，但缩短后的剩余处理时限将不少于24小时
	我要退货退款	1．退款原因为"试了不合适"的商品 2．退款原因为"七天无理由退换货"的部分商品	立即	默认商家同意买家的退货申请并通知买家退货	
		除上述情形外	48小时	默认商家同意买家的退货申请并通知买家退货	在买家催促/投诉等场景下，天猫将基于实际情况适当缩短商家处理时限，但缩短后的剩余处理时限将不少于24小时
	我要退货退款（已退货）	买家已退货，等待卖家确认	若物流信息无记录或者未签收，超时时效为10天 若物流信息显示已签收，卖家确认收货时长为签收后的72小时，但最长确认收货时长不超过买家退货后的10天	淘宝通知支付宝退款给买家	在买家催促/投诉等场景下，天猫将基于实际情况适当缩短商家处理时限，但缩短后的剩余处理时限将不少于48小时

（续）

订单状态	退款类型及条件	超时时限	淘宝认定及处理	特殊场景说明
卖家已发货/交易成功	我要换货	48小时	系统将校验所换商品是否有库存或商品是否下架，如所换商品有库存且商品处于在线状态，系统自动确认该换货申请；如所换商品无库存或商品已下架，系统自动拒绝该换货申请	
卖家已发货	我要换货-"消费者已寄回，待卖家确认收货并发货"	10天	淘宝通知支付宝退款给买家	
	我要维修-"消费者已寄回，待卖家确认收货并发货"	30天	淘宝通知支付宝退款给买家	

（2）买家以下列原因发起退款/售后申请，自"商家操作"之时起，买家未在以下"超时时限"内执行"买家操作"的，淘宝处理如表4-9所示。

表4-9 退款时效及处理规定2

退款类型	商家操作	超时时限	买家操作	淘宝认定及处理
我要退款（无需退货）	商家拒绝	5天	修改退款协议	退款流程关闭，交易正常进行
	商家协商退货退款	5天	接受，申请退货退款/不接受，继续申请退款	退款流程关闭，交易正常进行
我要退货退款	商家拒绝	5天	修改退款协议	退款流程关闭，交易正常进行
	商家同意	7天	填写退货信息	退款流程关闭，交易正常进行，买家发起"上门取件"的除外 1. 若买家发起"上门取件"的，自买家发起"上门取件"之时起超时停止，在买家上传物流信息或取件快递公司回传物流信息后，进入如下列（3）中的超时 2. 若买家发起"上门取件"后因故取消的，则自取消之时7天内，买家未填写退货信息的，退款流程关闭
我要换货/维修	商家拒绝	5天	修改退款协议	换货流程关闭，交易正常进行
	商家同意	7天	填写退货信息	换货流程关闭，交易正常进行

（3）买家退货后，商家拒绝的，在商家拒绝退款之时起，买家未在以下"超时时限"内执行"买家操作"的，淘宝处理如表4-10所示。

表4-10　退款时效及处理规定3

退款类型及条件		超时时限	买家操作	淘宝认定及处理
退货退款	已退货等待商家退款	5天	修改退款协议	退款流程关闭，交易正常进行，买家使用极速退款权益退款的除外。若买家使用极速退款权益退款的，自商家拒绝退款之时起7日后天猫客服介入处理
换货/维修	卖家拒绝收货，等待买家修改	5天	修改换货	换货流程关闭
	卖家确认并发货	10天	确认收货	淘宝通知支付宝打款给商家 注：若物流无记录或显示未签收，系统将视情形自动延长买家的确认收货时长，最长延长时间不超过90天，若在延长确认收货期间物流记录显示签收，买家确认收货时间缩短至24小时

四、退款处理的技巧

退款处理要小心谨慎。退款有时需要客服联系客户，它比一般情况下的客服沟通更有难度，对客服的专业水平要求更高。一般大的店铺有退款专员进行退款处理，退款专员需要具备一定的售后处理技能。一般情况下，经历过退款专员这一岗位的客服被提拔的机会更大。

客服处理退款技巧

网店退款处理的技巧主要有以下几个方面。

1．与客户进行客观沟通

客户选择不同的退款原因，网站对卖家有不同的约束与处罚，因此客服要进行退款处理首先要了解每一项退款原因的含义及对店铺的影响。例如，一项"缺货"的退款申请源于一笔99元的衣服订单，如果客服知道这笔退款会导致赔付，就会权衡到底应该使用哪种处理方式，是应该直接把款退给客户呢，还是让客户帮忙修改退款申请，然后赠送客户礼物或者是打款××元补偿给客户。又如，买卖双方经协商达成一致，卖方赔付50元，因为需要客户先确认收货才可打款，但客户不同意，这时客服就可以让客户申请退款，选择"我要退款"（无需退货），退款原因选择"退运费"，金额填写"50"，最后把款退给客户即可。在该次退款中对店铺并没有造成影响，也没有得罪客户。所以一定要巧用退款原因来化解售后问题。

因此，客服必须先了解退款会造成的影响是什么，才能做出准确的应对方案，并在与客户进行沟通时引导客户做出恰当退款方式的选择，必要的时候可以动之以情，晓之以理，得到客户的理解，圆满解决问题。

2. 与客户进行情感交流

在天猫店铺出现退款问题的时候，要主动联系客户了解退款原因。因为有时候不理客户的话，客户会给出差评或者是相关的影响信誉的评价。比如，产品的价格或者是产品的替换等一些细节都可以直接与客户进行沟通。无论消费者的要求是否合理，都不能与之争吵，争吵是解决不了问题的，应该心平气和地、站在客户的角度思考解决方案，理解客户的退款需求，从而获得客户的支持和配合，只有这样才能够友好地解决产品的退款问题。

3. 与客户进行协商谈判

退款时客服提供给客户一个合理的处理方案后还不能解决问题，另外一项更为重要的事情就是需要和客户不断地协商谈判。再好的方案也必须要得到客户的认同，双方才会达成一致。因此，优秀的客服应具备良好的谈判技巧，不是有了话术就能应对自如。客服需要动脑子，需要用心，需要有责任感，才能打动客户。当客户提出一个疑问，客服不能很快答复的时候，这次协商可能就会以失败告终，所以在谈判中随机应变是必备的一项技能。

总之，客服在处理退款时首先要了解客户退款的真实原因，要注意与客户进行情感沟通，并懂得随机应变。

素养之窗

"假"客服"真"诈骗，网购退款的陷阱你需要了解

2023年4月，杨女士接到一名自称"淘宝客服"打来的电话，对方声称杨女士购买的儿童服装甲醛超标，急需召回，现为她办理退款。刚开始杨女士并不相信，但是对方具体说出了她的购买信息，她就按照对方要求添加了微信，然后对方以杨女士芝麻信用积分太低，无法支付退款为由，让杨女士下载某贷款软件，在该软件平台申请贷款，并承诺为杨女士还清贷款，并把退款金额也在里面结清。

杨女士照做，贷款所得1 200元，假客服发给杨女士付款二维码，让杨女士扫码还款1 026元，剩余的174元算作退款，并承诺这样就可以把贷

款还清并关闭通道。当杨女士扫码付款后,假客服称其操作错误,需再通过其他渠道退款,用同样的手法让杨女士分别贷款8 000元和7 500元。杨女士扫码将款项转入骗子账户后,假客服便杳无音信,杨女士这才发现自己上当受骗。这种以退款为由的电信诈骗,我们一定要警惕退款。注意以下几点:

第一,不要通过非官方渠道办理商品退款。如今,正规的网购交易平台都有官方的退款渠道。遇到疑问,及时向官方客服人员进行咨询,确保退款交易的安全性。

第二,不要对外提供验证码和交易密码。保护好自己的个人信息不对外随意公布,如交易过程中对方提出需获取验证码及交易密码,必须高度警惕,以免遭受财产损失。

第三,不要在退款时进行任何形式的资金转出。正规网络商家及购物网站办理退货退款,无须事先支付任何费用,更不会要求顾客通过网贷平台借款来完成退款流程。因此,无论在办理退款过程中对方提出何种形式的贷款或资金转出要求,均应当予以拒绝。

"坚决遏制电信网络诈骗违法犯罪多发高发态势,提升社会治理水平,使人民获得感、幸福感、安全感更加充实、更有保障、更可持续"。中共中央办公厅、国务院办公厅印发了《关于加强打击治理电信网络诈骗违法犯罪工作的意见》,充分彰显了党中央进一步严打电信网络诈骗犯罪、坚决防止侵害群众利益行为的坚定决心,为各部门齐抓共管、久久为功,不断提升对此类犯罪的打击效能提供了重要遵循。2022年12月1日,《中华人民共和国反电信网络诈骗法》正式施行。我国坚持以人民为中心,全面落实打防管控各项措施,不断提高反诈防骗的科技含量、智慧含量、创新含量,同时着力营造诚实守信、勤劳致富的良好风气。

任务评价

结合理论知识学习和任务实施的具体过程,将操作内容记录在表4-11中,并对完成效果进行评价。

要求:表4-11列出的3个知识点,第1、2个知识点要求有一定的了解,第3个知识点是要求掌握的内容;2个技能点重在熟悉天猫退款的流程。

表4-11　处理退款知识与技能评价表

项　　目	内　　容	简 要 介 绍	评　　价				
			很好	好	一般	差	很差
知识	1. 常见退款原因						
	2. 处理退款的方式						
	3. 退款处理的技巧						
技能	1. 能够在天猫平台进行退款操作						
	2. 能够灵活运用退款处理的技巧						

任务三　应对投诉纠纷

情景导入

因未收到商品、收到的商品与描述不相符等产生争议、引发纠纷是很难完全避免的，张婷明白这个道理，所以张婷继续以客服的身份查看、收集天猫投诉处理的相关规则和处理方法。了解投诉处理的相关规则和处理方法，便于以后更好地应对和处理争议问题。

情景分析

张婷要查看、收集天猫投诉处理的相关规则和处理方法，可进入天猫官网，重点是熟悉争议处理的相关规则，便于以后出现争议、产生纠纷时能够及时应对处理。

任务实施

任务实施导航结构图：

应对投诉纠纷
├─ 了解天猫投诉处理的规则
└─ 掌握天猫投诉处理的方法

本环节以天猫为例，进行天猫投诉处理规则和处理方法的介绍。

项目四 售后交易纠纷的处理

一、了解天猫投诉处理的规则

（1）查看"天猫规则"中关于"违规管理"的内容。登录"天猫"首页，将鼠标移至网页右侧滚动条处，拖动滚动条至网页最下方，在"商家服务"中单击"天猫规则"→"规则辞典"→"违规管理"→"违规处罚规则"，认真查看《天猫市场管理规范》的内容，特别是对于违规问题的投诉处理。

（2）阅读《天猫市场管理规范》，完成以下内容的填写。

1）违反天猫评价管理规范，处理措施是_____。

2）虚假交易，是指会员通过虚构或隐瞒交易事实、规避或恶意利用信用记录规则等不正当方式，获取虚假的商品销量、店铺评分、信用积分、商品评论或成交金额等不当利益的行为。商家虚假交易的处理措施是_____。

3）商家出售描述不符或品质存在问题的商品，处理措施是_____。

4）违背承诺，是指商家未按照承诺向买家提供服务，妨害买家权益和/或未按照承诺向天猫履行义务的行为。商家违背承诺的处理措施是_____。

5）经天猫采用特定方式判定，商家所经营的商品或品牌对他人品牌、商品名称、包装或装潢、企业名称、产品质量标志等构成仿冒或容易造成买家混淆、误认的，处理措施是_____。

6）诱导第三方，是指会员发布或推送含有易导致交易风险的第三方商品或信息，或者通过其他方式诱导消费者跳转至第三方网站或客户端等，可能产生骚扰消费者、影响消费者交易安全等损害消费者合法权益的行为。诱导第三方的处理措施是_____。

二、掌握天猫投诉处理的方法

提示：进入天猫"规则辞典"→"消费者保障"→"基础保障"网页，查看相关信息，或利用其他方式收集信息，完成表4-12的填写。

表4-12 天猫卖家处理客户投诉的方法及建议

买家申请售后服务类型	责任方	处理方法及建议
我要退款（无需退货）	卖家	
	买家	
我要退货退款	卖家	
	买家	
我要换货	卖家	
	买家	

小经验

遇到交易纠纷，解决方法主要有：①买卖双方自行协商解决。②要求天猫客服介入处理。③通过司法途径等其他方式解决。

如果买家"申请售后"，卖家就需要根据实际情况进行处理。如果确实属于卖家责任，客服就应当积极联系买家撤诉，如果强行不予满足客户的合理要求，天猫工作人员会根据情况进行强制退款或给予卖家不同程度的处罚。对于网店卖家，因为一次交易而换取一定的处罚是非常不值得的。如果确实属于买家责任，卖家可以向天猫工作人员提供有力的证据来说明自己的理由。只要证据充分，天猫工作人员会正确处理。

如果买卖双方未协商一致，买方可以在商家拒绝退款申请后单击"投诉商家"，具体操作步骤为：登录天猫首页，在"我的淘宝"→"已买到的宝贝"中找到对应的退款订单，单击"投诉商家"，如图4-17所示。

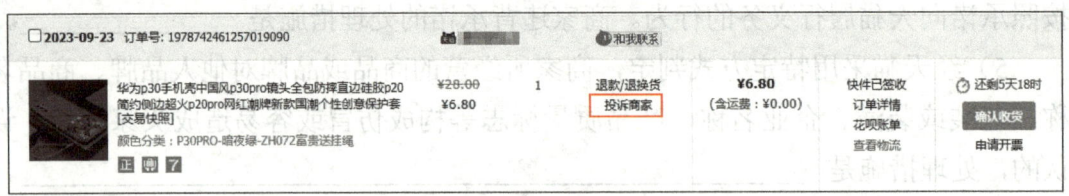

图4-17 投诉商家

进入"投诉商家"页面，选择需要投诉的问题发起投诉，如图4-18所示。

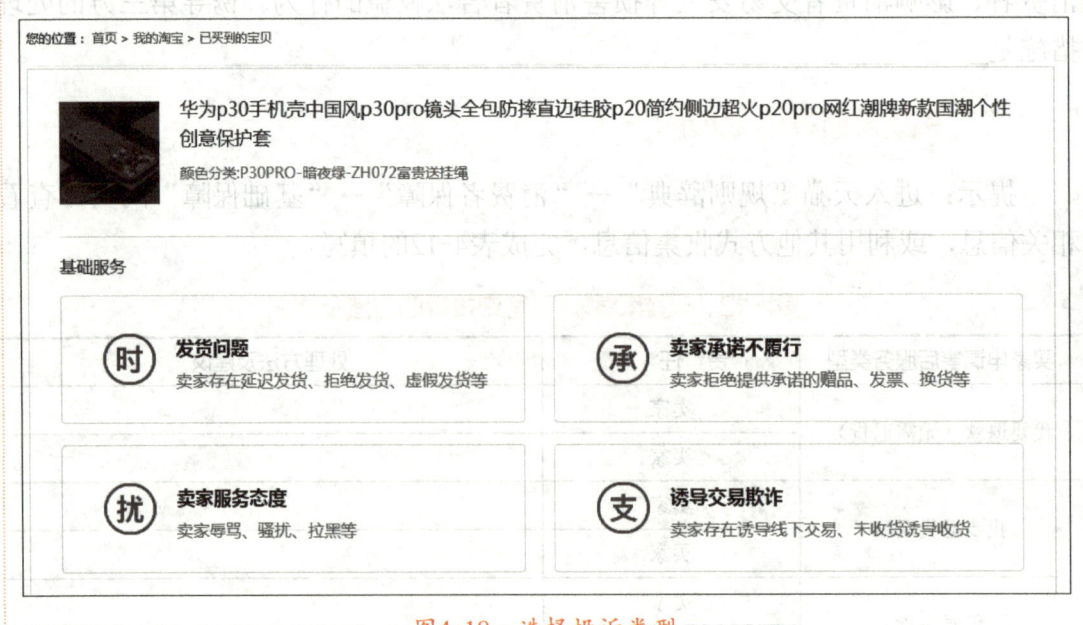

图4-18 选择投诉类型

在发起投诉页面选择投诉类型、投诉原因,上传凭证、留下联系电话后,单击"提交申请",等待平台介入处理,如图4-19和图4-20所示。

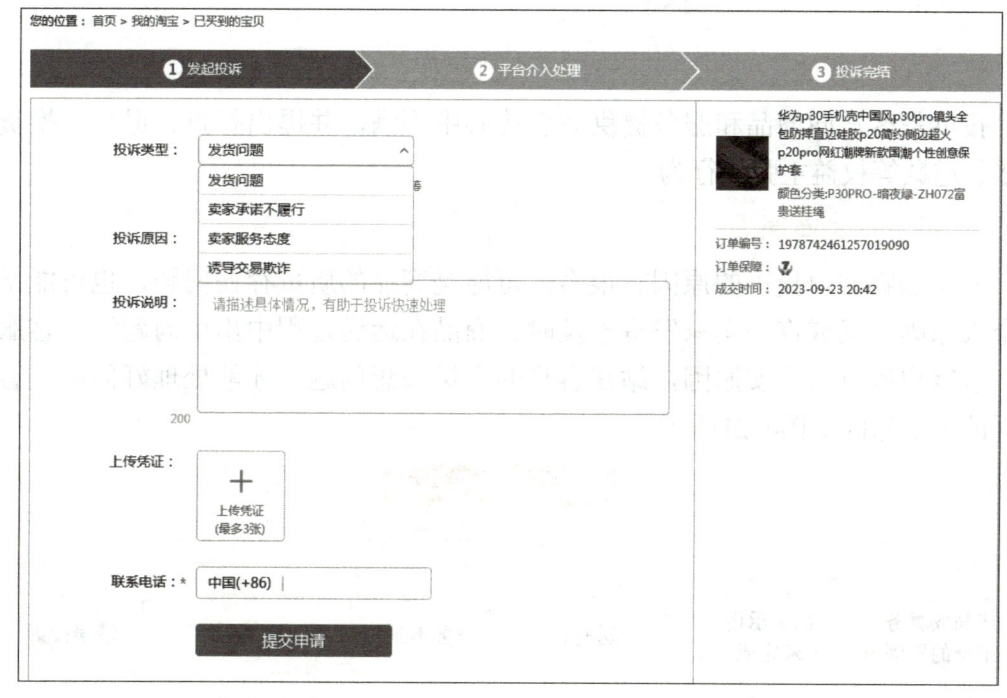

图4-19　发起投诉页面

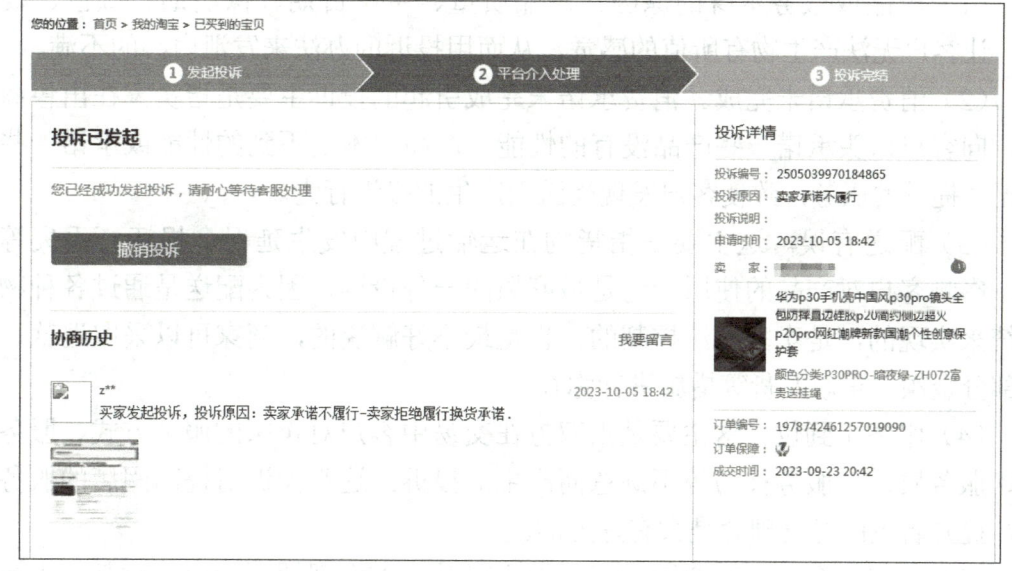

图4-20　平台介入处理页面

后期天猫投诉维权订单可在"我的淘宝"→"退款维权"→"投诉管理"中跟踪查看。

知识链接

一、正确认识客户投诉

1. 投诉的含义

投诉是客户向商品和服务提供商表达心中不满，并提出打折、退货、换货、索赔、道歉等权益主张的行为。

2. 投诉的主要原因

网络购物客户投诉的原因有很多，可能是商品的质量存在问题，也可能是客户个人原因，又或许是卖家发货不及时、商品在运送过程中出现问题等。客服只有了解客户投诉的真实原因，站在客户的立场去想问题，才能处理好问题。客户投诉的主要原因如图4-21所示。

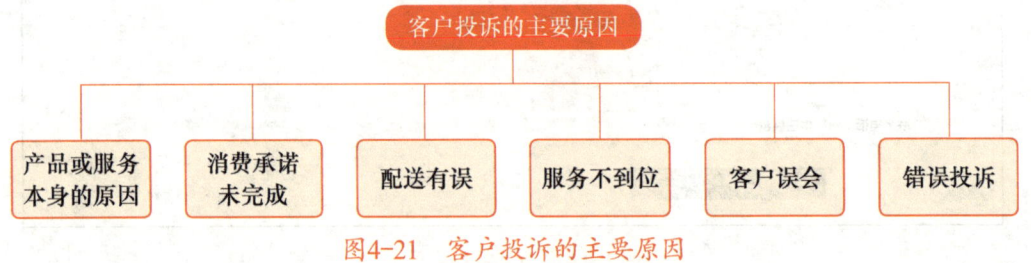

图4-21　客户投诉的主要原因

（1）产品或服务本身的原因。产品质量、生产日期、保质期、颜色、规格等，让客户无法产生物有所值的感觉，从而用投诉的办法来发泄内心的不满。

（2）消费承诺未完成。消费承诺未完成引起的投诉主要是指卖家在出售商品时，向客户口头承诺一些产品没有的性能、产品根本达不到的性能或承诺一些根本无法提供的服务，致使客户发现受骗而产生的投诉行为。

（3）配送有误。这主要是指货物在运输过程中发生延误、损坏、丢失等情况，影响客户对产品的使用。这是最麻烦的一种投诉，因为配送是通过各种物流系统来实现的，是卖家无法控制的，也是最不好解决的，商家可以采取退款、补偿部分金额、重新发货等措施进行弥补。

（4）服务不到位。这主要是指双方在交易中客户对卖家的服务方式、服务态度、服务质量、服务技巧等不满意而产生的投诉。这类投诉对提高网店的服务质量，提升店主的经营理念是大有好处的。

（5）客户误会。有时会因为买卖双方对某些方面理解不一致、对某些事情衡量尺度不一致或客户理解错误而产生投诉。

（6）错误投诉。卖家并无过错，只是由于客户自身原因，对卖家提出了过高或无理要求，这些要求卖家根本无法满足。这些客户往往比较较真，他们认为花了钱，自己的要求就应该得到满足，而不管这种要求是否合理，这时往往容易产生投诉。

> **小案例**
>
> 2023年5月的第一个星期日，广西五十二度电子商务有限公司客服部迎来了一位特殊的客人，事情是这样的：
>
> 向先生购买了网店里的白衬衫，收到之后发现衣服与他想要的有所偏差，于是进店与客服理论。向先生表示白衬衫与页面描述不相符，因为页面上的白衬衫胸前是有褶皱的修身款，但是他收到的白衬衫胸前没有褶皱。客服认为向先生很挑剔，可以说是无理取闹，于是和向先生争执了起来。客服一再表示，其实衣服是没有区别的，没有褶皱也是一样好看的。向先生在和客服理论没有结果的情况下，选择了投诉产品"与页面描述不符"。
>
> 此项"罪名"可大可小，重则扣分、删宝贝链接，于是引起了客服组的恐慌。客服接连三天联系向先生，提出免费送衣服、送礼物、折扣优惠等方案，但是向先生不为所动。向先生一直强调："我就要那件胸前有褶皱的白衬衫，其他的啥也别说了。"
>
> 第四天清晨，商家换了一名售后客服联系向先生，她在表示歉意后又进行了仔细的询问，了解了向先生的真实想法，然后告诉向先生可以找到一件白色有褶皱的衬衫给他，和页面上的一模一样。最后向先生收到了衣服，并对这位售后客服表示感谢，撤销了投诉。
>
> 客服组最终了解到，向先生其实是帮公司购置模特走秀用的衣服，公司强烈要求他购买这样的衣服，但是他没有完成公司任务，所以才出此下策进行投诉，他只希望能得到那件有褶皱的白衬衫，完成公司的任务，并非有意为难。
>
> 在以后的日子里，向先生依然常来买衣服，但是他只找那位售后客服买衣服，他相信她的办事能力。
>
> **案例评价**：在前三天的联系过程中，客服每次都是告诉向先生这衣服有无褶皱并无大碍，不影响穿着，没有从根本上解决向先生的问题。客服的处理过程其实就是一个沟通谈判过程，不单单要懂得使用技巧，还要找出投诉的原因并进行分析。

二、处理客户投诉的步骤和技巧

投诉纠纷的处理不仅是一个接待客户的过程，更是一个与客户沟通交流的过程，需要掌握一定的步骤和技巧。

1. 处理客户投诉的步骤

客服在处理客户投诉的时候，要按照一定的先后顺序。处理客户投诉主要有以下五个步骤。

（1）倾听客户。当客户投诉时，首先要做的就是认真倾听他们的问题和不满，在此过程中，要保持冷静和专业，不要打断客户或争辩。让他们充分表达自己的情绪和意见，并记录下来。

（2）确认问题。确认客户的问题并确保理解了他们所说的内容。如果有任何不确定之处，需及时询问以避免误解。

（3）道歉。如果客户投诉是因为商家或者客服人员造成的，需要向客户诚恳地道歉，一句真诚的道歉可以安抚客户的情绪，并让他们感觉到被尊重和重视。

（4）提供解决方案。提供多种解决方案以满足客户需求。对于一些简单、明显且可以立即解决问题的情况，可以直接给出建议并协助客户解决问题。对于较复杂或需要时间进行调查和沟通才能得到答案的情况，则需要告知客户商家将尽快处理并与之保持联系。

（5）跟进。在解决问题后，应及时跟进并确认客户是否满意。如果客户不满意或者问题仍然存在，应继续协商并提供更多的解决方案，直到问题得到圆满解决。

以上处理投诉的步骤属于一般流程，换言之是属于顺利的处理流程，但在实际工作中，投诉通常不可能按流程顺利进行，有时候会偏离轨道，客服在处理投诉时不能一味地按流程走，要随机应变，灵活处理。

> **小案例**
>
> 　　售后客服笑笑接待了一位脾气暴躁的女客户。这位客户因为毛衣机洗缩水前来寻求解决方案，经过两天的交流，客户同意接受笑笑提出的货款50%的补偿金，但在最后协商如何支付补偿金的时候又起了争执。客户要求笑笑先将补偿金打款到她的支付宝，但是笑笑担心客户收到补偿金后继续投诉，于是要求客户先确认收货才支付补偿金，客户不同意。双方因为支付方式纠缠了一天时间，最后客户选择投诉。
>
> 　　**案例评价：** 提供解决方案是非常重要的一个步骤，不容小觑。以上案例值得深思，其实支付方式有很多种，可以让客户在页面上申请退还指定的差额，再确认收货，但是笑笑并没有想到这一方法，导致之前两天的辛苦都白费了。

2. 处理客户投诉的技巧

当网店的信用和规模达到了一定的程度后,交易量会大大增加,买家的投诉必然也会增加。在处理客户投诉的过程中,态度是非常关键的。处理客户投诉的技巧如图4-22所示。

图4-22　处理客户投诉的技巧

（1）换位思考。理解是化解矛盾的良药,客服一定要学会换位思考,站在客户的角度看待问题。不管问题出在什么地方,都要先真诚地向客户道歉,千万不要试图去反驳客户,也不要指责客户,要尊重他并让他发泄,等客户平静下来后他可能会觉得行为不妥,甚至会向客服道歉。

（2）认真倾听。客户投诉的时候肯定会有怨气。处理投诉,客服首先要处理的是客户的心情,认真地倾听会让客户心情平静下来,也会让客服了解客户的真正意图。要耐心地倾听客户的抱怨,不要轻易地打断客户的叙述,更不要批评客户的不足,应该让他们尽情宣泄心中的不满。客服只需要闭口不言、仔细聆听。当然,不要让客户觉得客服在敷衍他。当客服耐心地听完了客户的倾诉与抱怨,客户得到了发泄的满足之后,就能够比较自然地听客服的解释和道歉了。认真倾听有助于了解客户的真实想法,了解客户投诉真正要达到的目的,这既是对客户的安慰,也有助于客服本人了解真相,解决问题。

（3）态度友好。客户抱怨或投诉的原因一般是对产品及服务不满意。从心理上来说,客户会觉得卖家亏待了他们。因此,如果客服在处理过程中态度不友好,会让客户的情绪很差,会恶化与客户之间的关系。反之,如果客服态度诚恳、礼貌热情,会降低客户的抵触心理。

（4）不推卸责任。接到客户投诉时,不管是何种原因引起的投诉,客服首先要向客户真诚道歉,承认自己的不足,然后双方再交流投诉产生的原因。此时切不可推卸责任,把一切过错都推到客户身上,当客服把责任推出去的时候,就意味着把客户也推出去了。

（5）及时表达歉意。即使卖家没有错或只是一个误会,客服也不妨礼貌地给客户道个歉。道歉并不意味着做错了什么,重要的是向客户表达卖家的态度。尽量用委婉的语言与客户沟通，即使客户存在不合理的地方，也不要过于冲动，否则会激化矛盾，使客户失望并很快离开。

（6）询问客户意愿。客服不要试图以自己的意愿来解决问题，也不要把以前解决同类投诉的经验照搬过来。每个客户希望的解决方案可能都是不一样的，有时客户也许只想听到真诚的道歉和改进工作的保证，而不是经济方面的补偿，询问清楚客户的意愿，才能真正做到让客户满意。

（7）提出完善的解决方案。针对客户的投诉，首先要了解客户的需求，针对客户的需求提出多项解决方案供其选择，这样会让客户感受到尊重，在实施解决方案的时候也要争取客户的认可与配合。向客户承诺能够及时解决问题当然是最好的，但是有时候问题比较复杂，如果客服不能确信，则不要向客户做出任何承诺，可以告知客户情况有些特殊，会尽力帮客户寻找解决方法，但是需要一点时间，在确定解决方案后会尽快联系客户。

（8）理智谈判。客服在与客户进行交流时一定要向客户展示自己的诚意和信心。当然，让客户满意并不代表着要一味退让和全盘接受客户的方案。交谈的结果应该是双方在理智的范围内达成一致。

（9）信守承诺。解决方案达成后，落实工作一定要及时到位，越早处理，客户的满意程度就越高。如果迟迟不肯落实，会加重客户的不满情绪，引发新的投诉。信守承诺的好处主要有：①可以让客户感觉到被尊重；②表示卖家解决问题的诚意；③可以及时防止客户的负面宣传造成更大的损失。

（10）跟踪结果。客户投诉问题解决后的一定时间内客服要对客户进行回访，了解客户对解决方案的满意程度，同时增加客户的信任度，使之成为店铺的忠实客户。

客户投诉都是抱着某种目的或某种情绪出现的，因此售后客服在处理客户投诉的全过程中要有一颗包容之心，要能理解客户，要有耐心地去为客户解决问题。

小案例

2023年7月26日，客服聪慧收到了一个"未按约定时间发货"的投诉。客户李先生三天前购买了一件1 299元的大衣，但由于仓库系统漏单没能及时将货品发出，导致李先生的不满，于是申请了投诉。该笔投诉，店铺需要赔付300元的违约金，李先生可以得到30 000的积分赔偿。面对此投诉，聪慧连着两天联系李先生，但是李先生均不为所动。

第三天，客服小容在下午4:30联系了李先生。小容是刚来公司不久的大学毕业生，她按照正常流程联系李先生，李先生还是一样不为所动。小容劝说

项目四 售后交易纠纷的处理

李先生撤销投诉,并告知李先生自己刚来公司工作,这是她第一次处理客户投诉,希望能有好的表现;小容又说到天气炎热,仓库的小伙伴们都是在炎热的环境下工作,不停地打包配货,难免会有出错漏单的情况……

经过半个多小时的交流,李先生默默地撤销了投诉。

案例评价: 面对不同的投诉对象,客服要随机应变,用心与客户进行交流,争取得到客户的理解与谅解,让客户主动撤销投诉。

小经验

聪明的客服处理投诉:动脑子+流程。

用心的客服处理投诉:心+动脑子+流程。

聪明又用心的客服处理投诉:心+动脑子+流程+交朋友。

素养之窗

王女士在某电商平台用积分领取了商家"满58元减8元"的代金券,在使用门店以及产品使用范围上,却遭遇了领取页面与实际兑现权益前后不一的尴尬。原本想要享受到手的优惠,结果却空欢喜一场,这种事情让消费者情何以堪?商家单方面修改优惠券使用范围,伤害了消费者的感情,更影响了品牌形象,是一种突破诚信底线的套路。

促销优惠活动,本质上是商家薄利多销,消费者得到实惠的双赢之举。看似大大方方的促销,兑现时却设置这样那样的障碍,这种行为,既侵害了消费者的合法权益,又涉嫌不正当竞争,扰乱正常市场秩序。作为商家,在促销上的小动作、小聪明,短期或许能够获益,但从长远来看必定会砸掉口碑,让消费者望而却步。

人无信不立,业无信不兴。诚信经营是商家的底线。商家在促销上,有责任、有义务说到做到,必须把诚信建设摆在突出位置,不断强化企业的责任意识和规则意识,要增强法律意识、涵养契约精神、强化守约观念,带头树立诚信守法的企业价值观,做诚信守法的表率,推动经营发展行稳致远。对于客服而言,要培养高尚的品行,遵守商业规则,诚信守法,提高服务质量,做义利兼顾的实践者,坚定理想信念,推动社会诚信建设。

党的二十大报告提出"弘扬诚信文化,健全诚信建设长效机制"。人无信不立,国无信不强。"讲信修睦"不仅是我国由来已久的历史文化传统,更是中华民族世代相传的道德圭臬,是为人之本、处世之方、立国之基。

任务评价

结合理论知识学习和任务实施的具体过程,将操作内容记录在表4-13中,并对完成效果进行评价。

要求:表4-13列出的3个知识点和2个技能点是完成本任务必须掌握的。

表4-13 应对投诉纠纷知识与技能评价表

项目	内容	简要介绍	评价				
			很好	好	一般	差	很差
知识	1. 客户投诉的一般原因						
	2. 处理客户投诉的步骤						
	3. 处理客户投诉的技巧						
技能	1. 能够根据《天猫市场管理规范》处理投诉						
	2. 能够灵活运用天猫投诉处理技巧						

任务四 管理评价

情景导入

张婷在从事客服工作中深刻地认识到,客户给自己店铺的评价对于后来的客户购买影响很大,自己要通过努力化解客户的不满,化差评为好评。张婷想继续以客服的身份收集、查看客户评价的流程和评价管理的相关规则,在今后的工作中做客户的贴心人。

情景分析

张婷要收集、查看客户评价的流程和评价管理的相关规则,可进入天猫官方网站查询。

任务实施

任务实施导航结构图:

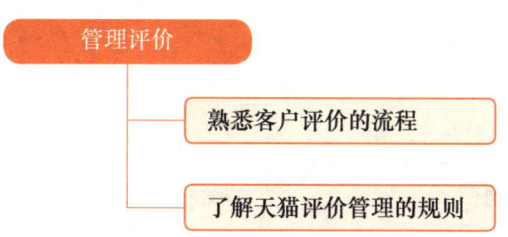

一、熟悉客户评价的流程

（1）登录淘宝网，查看"已买到的宝贝"。登录淘宝网，输入账号、密码，单击"我的淘宝"→"已买到的宝贝"，单击"待评价"，如图4-23所示。

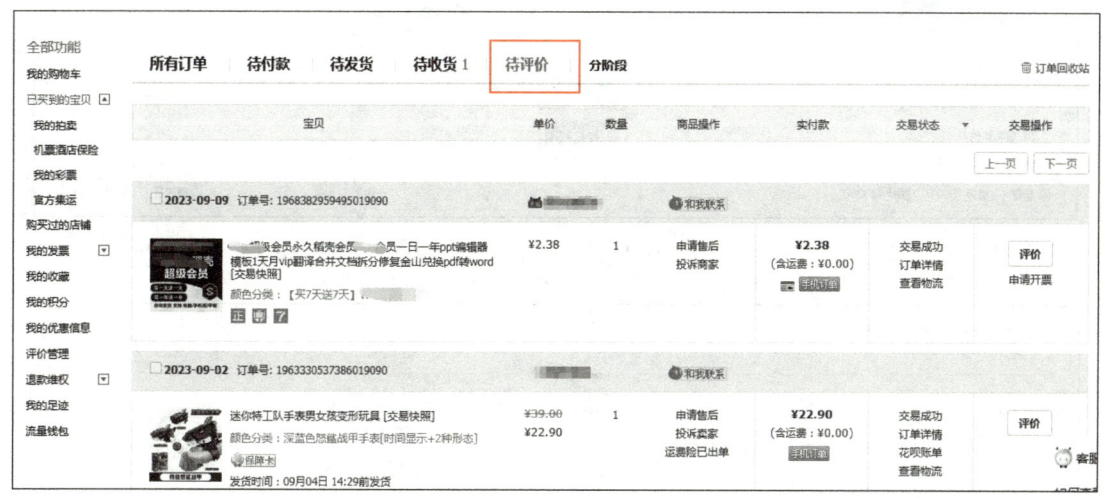

图4-23 "待评价"页面

（2）选择要评价的商品订单。在"待评价"页面中找到要评价的商品，单击"评价"，如图4-24所示。

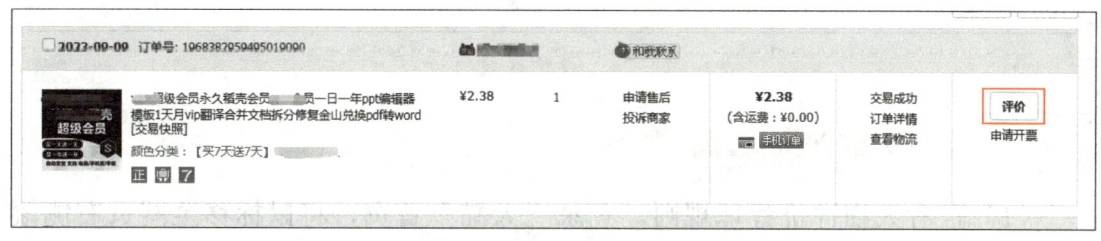

图4-24 选择要评价的商品订单

（3）进行评价。按网页显示填写相关评价内容（见图4-25），评价完毕单击"提交评价"按钮。

（4）完成评价。完成评价后，出现如图4-26所示的评价成功页面。

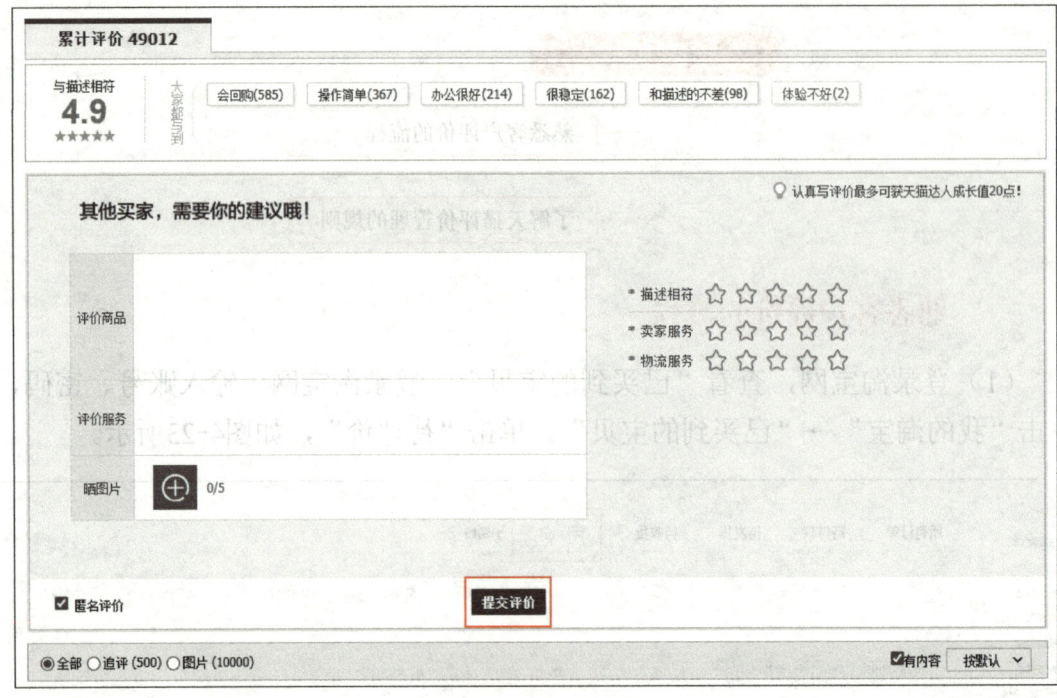

图4-25 进行评价

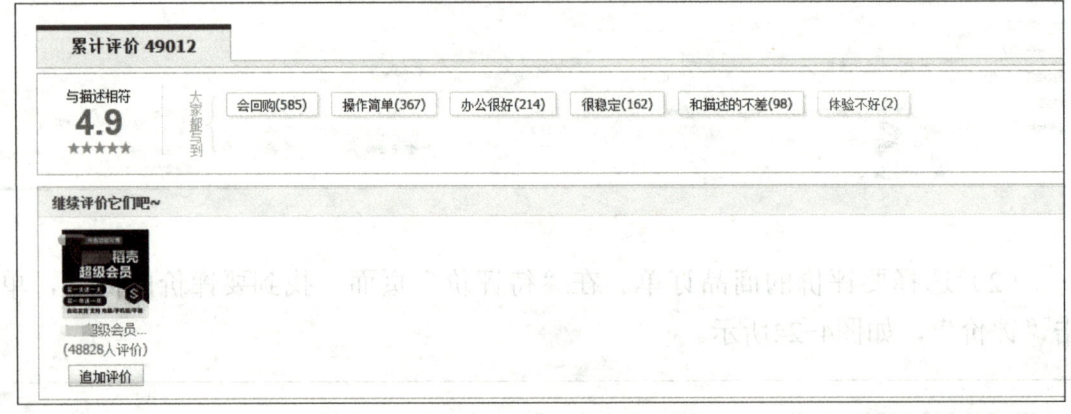

图4-26 评价成功页面

二、了解天猫评价管理的规则

(1) 查看天猫评价管理规则。登录"天猫"首页,将鼠标移至网页右侧滚动条处,拖动滚动条至网页最下方,在"商家服务"中单击"天猫规则"→"规则辞典"→"经营管理"→"基础规范",认真查看《天猫评价管理规范》的内容,特别是关于"评价"的内容。

(2) 完成天猫评价管理相关问题的填写。

1) 为确保评价内容能＿＿＿＿＿＿＿＿＿＿、＿＿＿＿＿＿＿＿＿＿,

交易双方通过天猫评价工具发布评价的，其评价应当____、____、____，且与交易的商品或服务具有关联性，不得利用天猫评价工具侵害相关方合法权益。

2）基于真实的交易，交易双方可在交易成功后____天内，以发布与交易的商品或服务相关的信息方式开展相互评价。

3）天猫评价包括_____和"评论内容"，"评论内容"包括_____和_____。

4）买家可针对单笔交易对商家进行_____、_____、_____三项评分。商家的每项店铺评分均为动态指标，系此前连续六个月内所有评分的算术平均值。买家若完成对天猫商家店铺评分中描述相符一项的评分，则买家信用积分增加____分。

5）每个自然月，同一交易双方之间发生的交易，商家店铺评分仅计取____评分。

6）买家购买商品，每完成一笔"交易成功"的交易，买家信用积分加____分。相同买、卖家任意____天内就同一商品的多笔交易只加____分；每个自然月内相同买、卖家之间交易，买家增加的信用积分不超过____分。同时，天猫可视买家的违规情形及违规次数，对买家的信用积分进行一定扣减。买家信用积分每月1日更新。

7）自交易成功之日起____天（含）内，买家可在做出店铺评分后追加评论，追加评论的内容不得修改，也不影响商家的店铺评分。

8）被评价人可在评价人做出评论内容和/或追评内容之时起的____天内做出解释。

9）不得自行或通过第三方要求买家_____、_____、_____等行为。

不得以物质或金钱承诺为条件鼓励、引导买家进行"好评"的评价内容，包括但不限于：_____、_____、_____、_____、_____等。不得通过诱导买家、虚假交易等不正当方式获取不真实的评价。

10）不得以给予负面评论内容等方式谋取_____或_____。

知识链接

一、交易评价

1. 评价的含义

评价通常是指对一件事或人物进行判断、分析后的结论。在电子商务交易活动中，评价是网络购物的最后一个环节，评价有助于提高买卖双方的信誉。

商品评价是指生产厂家、商家或者客户根据具体商品的性能、规格、材质、使用寿命、外观等商品的内在价值设定一个可量化或定性的评价体系，由客户对商品使用价值进行评价的过程。

网上零售网站各项要素的专业水平都会直接影响客户的购买行为。大部分电子商务网站都已经广泛地使用了商品评价系统，如淘宝、京东、苏宁易购等。

2．评价的内容

网络购物不同于传统购物，客户在选购商品前，希望更多地了解商品和服务信息；购买商品后，也希望能够在评论里尽可能多地将商品的价值用文字、图片等表述出来。

评价的内容可以是多方面的，如客户可对商品是否与卖家描述的相符、卖家的服务态度、卖家的发货速度进行评价，卖家在客户评价后可针对客户评价进行说明、致谢等。

淘宝网购后评价页面如图4-27所示。

图4-27　淘宝网购后评价页面

评价及回复内容要求规则解读

交易双方发布的评价内容、图片及回复内容不得出现法律法规、天猫规则不允许的内容，包括但不限于以下情形：①包含辱骂、泄露他人信息、污言秽语、色情低俗内容或其他有违公序良俗内容的评价；②盗用他人图片或未经他人同意使用他人图片并编辑后发布的内容；③与事实不符的信息；④广告信息、无实际意义信息；⑤其他异常评价内容。

其中第四种情形的"广告信息"是指通过文字、图片、视频等方式发布以下内容：①发布手机号、微信公众号、微信号、QQ（群）号、微博号或昵称等联系方式；②发布微商、加盟、兼职、代理、招募、办证、招聘等信息；③引导下载优惠券或推广其他平台/商品的信息；④商品转卖或交流信息；⑤介绍与本商品无关的店铺或商品之类的推销信息。

素养之窗

少数商家为提升销量或让自己的商品更加吸引客户，有时会找人进行刷单，并给予好评。刷单是一种数据造假的行为，由于评价不是来自真正的客户，因此会失去它的客观性。这种造假行为是经不起检验的，客户可能会被误导而购买商品，购后发现与描述不符，对商品不满意，可能会进行中差评或者投诉，从而影响店家的信誉。店家进行数据造假虽然可能得到了眼前利益，但必将损失长远利益，电商的"口碑评价"会对消费者失去参考性和影响力，从而导致电商平台失去公信力。

消费者要有规范、监督这种虚假评价的意识，不能被商家一点小恩小惠收买，让一些无良商家有机可乘。在购买的时候也要有分辨的能力，提高警惕。网上购物没有办法直接看到、感受到商品，只能依靠自己的判断，需要选择比较可靠的店铺，不要一味图便宜。购物的时候要多参考、多看、多问，不能只听一方的评价或建议。同时自己也要尽可能地做一些有参考性的评价，如果每个人都能客观评价，呈现的商品真实评价就更多，消费者被蒙骗的概率也就更小。另外，要对虚假评价采取措施，不能让一些打"擦边球"的人有机可乘。

一些电商平台和商家想出各种办法追求好评率，弱化中差评，这其实是一种短视的行为，因此店家应拒绝数据造假，诚信经营。信用是维系网络购物的纽带，只有真正建立科学有效的电商信用评价机制，维护消费者的知情权、选择权，为消费者提供一个良好的购物环境，才能真正打造一个有公信力的平台，从而实现自身的可持续发展。

二、评价管理

卖家评价是指卖家在订单交易完成，客户对交易做出评价后，对交易进行的相关评价。卖家对交易进行评价完成了评价管理的第一步，还应定期对客户的评价进行分析、汇总，获取对企业有用的信息，特别是要重视中差评，对其进行记录并分析，从而提出改善方案。

1. 评价管理的好处

卖家对评价进行管理主要有以下好处：

（1）有利于提升店铺信用等级。卖家在商品销售过程中，除了考虑销售利润外，还应努力赚取每个客户的好评，以逐步提高自己网店的信用等级。

卖家信用和客户评价都客观真实地反映了卖家的历史交易情况，以及购买其商品的客户满意程度，便于其他客户在购买时作为参考。卖家信用等级的高低客观地反映了卖家的诚信度与商品的保障性。信用等级越高，就越容易获取新客户的信任。

客户在购买商品时，即使卖家信用很高，也可能会因为一个差评而放弃购买，因为差评体现了卖家商品的某种不足，会严重降低客户的信任度。卖家需要本着每个交易都获得好评的心态来经营店铺，卖家应对评价进行管理，如对好评进行感谢，对中差评进行道歉与客观解释，只有这样才能使网店生意越做越大，购买人数越来越多。

综上，对评价进行管理，客观地反映了卖家的诚信度与商品的保障性，有利于提升店铺信用等级。

（2）可实现商家和客户的共赢。电子商务网站的商品评价可以说是口碑营销的一种形式。口碑营销的特点是人们对一种产品或服务的感受很好，主动将自己的感受和对产品、服务的态度传达给第三者，从而让其他人也了解这个产品或服务。网店中的商品评价是口碑营销的一个载体，以客户评价为载体引导消费是电子商务网站的命脉。认真对待评价管理，通过客户对商家的商品进行口碑宣传，反映商品的真实价值，可实现商家和客户的共赢。

2. 评价管理的方法与技巧

网络平台不同，客户评价方式也不同，主要有以下两种：一是直接选择好评、中评、差评，二是用1~5分打分进行评价。一般来说，如果客户给予了好评或满分，那么说明客户对卖家的商品质量、服务态度、发货及物流等都比较满意；如果给予了中评或差评，就说明客户对商品质量、服务态度或者发货进度等方面不够满意。

卖家对评价进行管理的方法和技巧如下。

（1）努力提升店铺好评率。

1）获得好评原因分析。客户网上购物给予好评主要是基于四个方面。

① 客户收到产品感到很满意，和在网上看到的基本一样。

② 客户购物体验比较好，是一次很愉快的购物过程。

③ 发货和物流都是很快的。

④ 完美的售后服务。

2）解决方案设计。

① 产品详情页和宝贝尽量做到相符，不要虚假宣传、夸大实际情况。

② 做好服务，客服热情负责地回答每个客户的咨询，保证发货产品质量。

③ 选择一个可靠的物流公司，保证每一个包裹都完美快速地送到客户手中。

④ 做好售后服务。

（2）正确处理中差评。中评与差评所产生的影响并不仅仅是信用积分，在很大程度上影响着客户的信任程度。客服人员需要通过自己的努力，化解客户的不满，化中差评为好评。当然，对于恶意评价者，商家一定要维护自己的合法权益。

1）认真进行中差评原因分析。知道问题出在哪才能知道如何应对。一般来说，客户给予中差评，原因归纳起来主要有以下三个方面。

① 商品的问题。收到货时少了或破了、有色差、有气味、有线头、质量不好、怀疑不是正品等。

② 买家主观感受问题。觉得尺码不标准、买贵了等。

③ 服务售后相关问题。售前售后态度反差大、回复不及时、退货退款达不成共识、物流速度慢等。

为避免中差评频繁出现，网店应先反省，在商品描述、售后服务方面积极改进，把工作做得细致入微，防患于未然。

小知识

职业差评师

职业差评师，顾名思义，就是靠给别人差评生活的人，是由网络购物催生的新兴"职业"。网上有一些恶意客户做职业差评师，专门以给网店差评为手段索要网店钱财，甚至还出现多人合作的"团伙作案"现象。他们的行为不仅侵犯商家的合法权益，还触犯了法律。

素养之窗

"网上碰瓷"是指在网络购物活动中,在买家给予卖家评价时,并没有根据卖家提供商品和服务的实际情况来评价,而是特意地给予"差评",使卖家的信用受损,影响卖家的生意,同时以将"差评"修改为"好评"为条件向卖家索要钱财的行为。

"网上碰瓷"既违背了诚实信用原则,又扰乱了社会经济秩序。职业差评师恶意给予差评,主观上具备了侵害他人民事权益的故意,其行为具有违法性,卖家因其恶意差评信用受损,因此"网上碰瓷"已经构成了民事侵权行为,行为人将承担相应的侵权责任。

对于诚信守法的卖家,遭遇到"网上碰瓷"应该采取积极的措施进行应对,保护自己的合法权益。首先,应当提高维权意识,在得到"差评"时,保持充分的警惕,分析买家的行为特点,比如交易时买家是否足够重视商品的质量和价格,其账号是否是随意注册,是否在指定工具上聊天等等,来判断买家是否是"碰瓷"。其次,应当做好防范措施,对于可能是"碰瓷"的买家,应当做好电话录音,尽量使其亲口说出真实意图或者让其在聊天工具上留下文字信息,不要一次性回绝或者答应其请求,多与其交流几次以留下更为充分的证据。再次,充分运用多种保护渠道。遇到"网上碰瓷",卖家可以先向淘宝网站投诉,进而向消费者协会投诉或者向法院提起诉讼。《中华人民共和国侵权责任法》第三十六条规定,"网络用户、网络服务提供者利用网络侵害他人民事权益的,应当承担侵权责任。"卖家可以请求侵权人删除恶意评价并赔偿相应损失。

网络经济本质上是一种法制经济、诚信经济,只有所有市场主体都坚持诚实守信的交易原则,才能构建一个公平公正、稳定便捷的网络经济秩序。

2)用心制订中差评对策。出现中差评,客服必须要认真对待,积极开展善后处理工作,化解客户的不满。具体中差评的原因及对策见表4-14。

表4-14 中差评的原因及对策

原　因	对　策
质量问题、色差大、有气味、尺寸不合适、商品破损	宝贝描述要尽量具体详细,给出准确的尺码,图片拍摄要真实,声明可能有色差
物流太慢、快递服务差、快递员不文明、拒绝送货要自取	购物前给予温馨提示,逢年过节或恶劣天气造成的延误要及时通知客户适当延长收货时间,尽量采用客户满意的快递

项目四 售后交易纠纷的处理

（续）

原　因	对　策
客服回复慢、查件不给予积极配合、退款退货难	聘请有责任心的客服，设置好简洁得体的自动回复和常用的快捷用语。商品尽量能换则换，能退则退，以诚相待
觉得尺码不标准、贵了、易皮肤过敏等客户自身原因	在商品描述里面声明可能出现的情况以及应对方法并说明原因
特殊客户：新手客户、要求过高的客户	对新手客户，事前强调评价的重要性；对要求过高的客户，提醒谨慎购买
填错信息、忘记发赠品、没有按要求的快递发货	反复检查打印的快递单，认真细致发货，客户的要求要谨记，出现差错要及时联系客户进行补救

3）掌握应对中差评的技巧。售后客服在与给予中差评客户进行沟通的过程中要掌握以下技巧。

①真诚地表达歉意。一般情况下，不管是什么原因，客服都要适时地跟客户真诚地道个歉，安抚一下客户的情绪，让客户心平气和地与客服沟通问题所在，然后寻求切实可行的解决方案。表达歉意要真诚，让客户感觉到对他的重视。客服要适当地延长道歉的时间，不要急于步入解决问题的环节，试着慢下来。例如："我非常理解您的感受，如果我碰到这样的情况，我也会很生气。"或"很抱歉这次购物给您带来了不便，请您谅解。"

②与客户一起分析出现中差评的原因。真诚地表达歉意后，就要和客户一起分析出现中差评的原因。客服可先耐心询问客户给出中差评的真实原因，是对质量不满意还是对款式不满意，或者是对客服和物流不满意。一定要让客户明白客服是用了心的。了解了客户的真实原因就要客观地帮客户进行分析。当客服与客户站在一起的时候，问题就好解决了。

③与客户共同商讨解决方案。客户给中差评大多是因为产品或服务给客户带来了不便，所以需要一些额外的补偿，发红包、赠送礼品，以及赠送优惠券均可。比如："不好意思，是我们没有做好才导致出现这种情况，我真诚地向您道歉！真的对不起，给您带来了不便。那么请您考虑下，我们能为您做些什么呢？（您看我们能适当给您些补偿吗？）"客服通过询问等方式与客户共同商讨解决方案，有利于将出现的问题尽快解决，并使客户重新满意。

④以温馨的道别进行收尾。以温馨的道别结束沟通，并顺便提出改评价的请求。例如："这个结果您还满意吗？""感谢您的耐心，让我们能够为您解决这个问题。""感谢您的理解和支持，希望有机会继续为您服务。""可以麻烦您帮我们修改下评价吗？您的支持对我们真的很重要。"

⑤ 及时记录中差评等情况。客服要及时地把中差评处理过程记录下来，因为这些记录积累起来可以帮助客服发现其中规律性的东西，完善存在的不足。记录内容一般包括时间、客户ID、购买产品及型号、中差评产生的原因、沟通过程和特殊情况等。

⑥ 善用评价解释。虽然天猫不像淘宝店铺能筛选出中评、差评，但是客户不好的评价也会影响后期有购买欲望的客户。因此售后客服要及时对卖家后台的评价做出相应的解释，具体见表4-15。

表4-15 常见评价项目及相应的解释

序号	项目	相应解释
1	关于尺码	感谢亲对本店的惠顾。××品牌的尺码是统一标准的，相同的尺码不同的款式大小会略有不同，建议您下次购物时可事先参考我们的产品尺寸表，也可咨询售前客服，我们会细心为您服务的，祝您购物愉快。
2	关于物流	因为快递的原因给您购物带来不便实在抱歉。我们会与快递公司进行协商，对您提到的问题予以改进。感谢您对××店的支持，本店期待下次能为您提供更优质的服务。
3	关于包装损坏	因为包装问题给您购物带来不便实在抱歉。由于快递通过中转到达目的地，有的地区中转比较多，包裹在途中多次挤压，导致到达您手中的时候包裹损坏。我们会对您提到的问题予以改进。本店期待下次能为您提供更优质的服务。
4	关于正品	感谢亲对××店的支持。本店为您提供官方正品保证，您可以放心使用。
5	关于质量	亲，本店为××品牌官方直营店铺，所有商品均为××品牌直供，请放心购买。如有质量问题，您可以拍照发给我们客服，核实属于质量问题，一定会对您负责到底的。
6	关于好评	感谢您的惠顾及对我们宝贝的认可！请继续关注我们！您的支持是我们不断进步的动力。我们会不定期进行大型促销活动，您可以收藏一下我们网店。

小经验

客服不可避免地会面对一种情况，就是无法说服客户修改评价。这个时候，评价的解释是有必要的。

三、评价管理实例

下面以天猫网站为例，介绍天猫店铺的评价制度。

天猫网站对买卖双方基于真实的交易在支付宝交易成功后15天内提供了相互评价制度，天猫评价包括店铺评分和评论内容。店铺评分由客户对商家做出，包括描述相符、服务态度、物流服务三项。评论内容包括文字评论和图片评论。天猫评价的内容具体如图4-28所示。

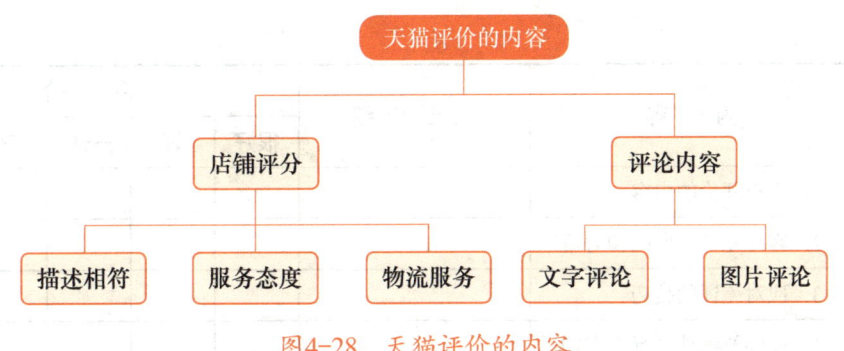

图4-28 天猫评价的内容

每项店铺评分均为动态指标，系此前连续6个月内所有评分的算术平均值。每个自然月，同一交易双方之间发生的交易，商家店铺评分仅计取前三次评分。买家针对交易进行的评分一旦做出无法修改。买家购买商品，每完成一笔"交易成功"的交易，买家信用积分加1分。被评价人可以在评价人做出评论内容或是追评内容之日起的30天内做出解释。

当一次交易完成后，客户对卖家的动态评分有3项，分别是"描述相符""服务态度"以及"物流服务"，每项最高分为5分（5星），最低分为1分（1星）。当客户购买商品后，可以根据具体情况来对卖家进行动态评分，卖家最终的分值为所有客户评分的平均分值，并显示在店铺信息区域。由于每一次交易都不同，客户所给的评分值也会不同，因此店铺动态评分会根据交易而发生变化。

随着交易数量的不断增加，客户满意度的不断提高，卖家获得的信用积分也会越来越高。来自客户的信用评价可以体现卖家的历史交易情况以及客户的满意度等，而其他客户在购买时，通过卖家的信用可以客观地了解到该商品的交易情况并决定是否购买。

天猫店铺虽然不像淘宝店铺那样能筛选出中差评，但是评分最高是5星，最低是1星，客户在评分时给1星，其实就是差评。

任务评价

结合理论知识学习和任务实施的具体过程，将操作内容记录在表4-16中，并对完成效果进行评价。

要求：表4-16列出的3个知识点，第1个知识点了解即可，第2、3个知识点是完成本任务必须掌握的；2个技能点是完成本任务必须掌握的。

表4-16　管理评价知识与技能评价表

项目	内容	简要介绍	评价				
			很好	好	一般	差	很差
知识	1. 客户评价的内容						
	2. 客户差评的原因和对策						
	3. 应对差评的技巧						
技能	1. 能够熟练地进行淘宝购后评价						
	2. 能够根据天猫评价管理规则，及时对评论内容给予反馈						

项目五
客户关系管理

项目导学

建立良好的客户关系是电子商务时代企业赢得利润和重复业务的基础,而利润和重复业务是电子商务企业的成功所在。良好的客户关系需要企业将"以客户为中心"的理念贯穿于全部经济运营活动中,并通过个性化的产品和服务以及优秀的品牌效应来赢得客户的信任和长久的合作,从而为企业获得更多的财富创造条件。

通过本项目的学习,你能理解客户关系管理的内涵、目标和作用,了解客户关系管理在电子商务活动中的应用,并掌握开发新客户和维护老客户的方法及技巧。

项目目标

- ◆ 了解客户关系管理的含义。
- ◆ 理解客户关系管理的内涵、目标和作用。
- ◆ 了解客户关系管理在电子商务中的应用。
- ◆ 掌握新客户开发的途径和方法。
- ◆ 熟悉老客户维护的方法和技巧。
- ◆ 树立正确的营销伦理观念,做好客户信息保护,坚守诚实守信的职业道德。

任务一　认识客户关系管理

情景导入

张婷已在广西五十二度电子商务有限公司从事客服工作一段时间了，对网店客服售前、售中、售后服务有了一定的了解，也掌握了一些客户资源，但她认识到自己对如何处理好与客户的关系，以及如何对客户关系进行有效管理还不够了解，决定进行系统的学习。

情景分析

张婷希望处理好与客户的关系，并对客户关系进行有效管理，需要熟悉客户有哪些类型，知道客户关系管理的内涵，还要熟练掌握客户关系管理的方法和技巧。

任务实施

任务实施导航结构图：

```
认识客户关系管理
    ├── 熟悉客户的分类
    └── 了解客户关系管理的内涵
```

一、熟悉客户的分类

（1）利用百度（www.baidu.com）或搜狗（www.sogou.com）等搜索引擎，查找客户分类的信息。

（2）根据收集到的信息，完成表5-1的填写。

表5-1　客户的分类

序号	客户分类的方法	具体分类
1	按（　　）方式划分	可分为：
2	按（　　）方式划分	可分为：
3	按（　　）方式划分	可分为：
4	按（　　）方式划分	可分为：
5	按（　　）方式划分	可分为：

二、了解客户关系管理的内涵

（1）利用搜索引擎或其他相关资源，收集客户关系管理的相关信息。

（2）根据收集到的信息，完成表5-2内容的填写。

表5-2　客户关系管理资料

序号	查找内容	具体内容
1	客户关系管理的发展历程	
2	客户关系管理的含义	
3	客户关系管理的内涵	
4	企业进行客户关系管理的好处	

知识链接

一、客户关系概述

自人类有商务活动以来，客户关系就一直是商务活动中的一个核心问题，也是商务活动成功与否的关键因素之一。

1. 客户关系的含义

客户是企业的利润之源，是企业发展的动力。很多企业将"以客户为中心"作为企业客户管理的理念。

客户关系是指企业为达到其经营目标，主动与客户建立起的某种联系。这种联系可能是单纯的交易关系，也可能是通信关系，或是为客户提供一种特殊的接触机会，还可能是为双方利益而形成某种买卖合同关系。

2. 客户关系类型

营销大师菲利普·科特勒（Philip Kotler）把企业与客户之间的关系归结为五种类型，如图5-1所示。

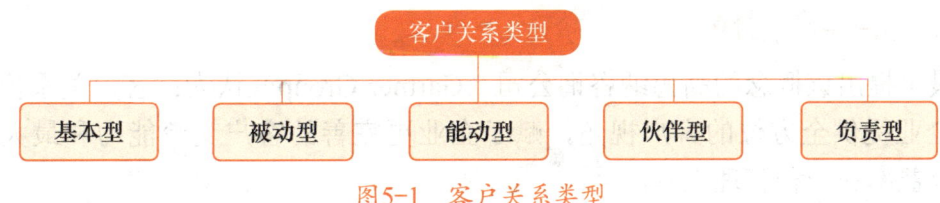

图5-1　客户关系类型

（1）基本型。企业销售人员把产品销售出去之后不再与客户接触。

（2）被动型。企业的销售人员在销售产品的同时，鼓励客户在购买产品后，如果遇到问题，及时向企业反馈，提供有关改进产品的意见或建议。

（3）能动型。销售完成后，企业不断联系客户，为客户提供升级服务或新产品的营销信息等。

（4）伙伴型。企业不断地协同客户，努力帮助客户解决问题，支持客户的成功，实现共同发展。

（5）负责型。产品销售完成后，企业及时联系客户，询问产品是否符合客户的需求，有何缺陷或不足，有何意见或建议，以帮助企业不断改进产品，使之更加符合客户需求。

这五种客户关系类型之间并不具有简单的优劣对比或有先后顺序，因为企业所采用的客户关系类型取决于它的产品及客户特征，不同企业甚至同一企业可根据客户的数量和边际利润水平，选择合适的客户关系。

小知识

边际利润

边际利润是指产品的销售收入与相应的变动成本之间的差额。边际利润反映增加产品的销售量能为企业增加的收益。销售单价扣除边际成本即为边际利润，边际利润是指增加单位产量所增加的利润。

二、客户关系管理概述

1. 客户关系管理的起源与发展

最早发展客户关系管理的国家是美国，在1980年初便有了"接触管理"（Contact Management）的概念，即专门收集客户与公司联系的所有信息；1985年，巴巴拉·杰克逊（Barbara Jackson）提出了关系营销的概念，使人们对市场营销理论的研究又迈上了一个新的台阶；到1990年演变成客户关怀（Customer Care），开始成立电话服务中心，核心思想是与客户保持良好的关系能够为企业带来更多潜在利润。

2. 客户关系管理的含义

最早提出该概念的高德纳咨询公司（Gartner Group）认为：客户关系管理就是为企业提供全方位的客户视角，赋予企业更完善的客户交流能力和最大化的客户收益率的一种管理工具。

本书所理解的客户关系管理（Customer Relationship Management，CRM）是企业为发展与客户之间的长期合作关系，提高企业以客户为中心的运营性能而采用的一系列理论、方法、技术、能力和软件的总和。其目标是吸引新客户、保留老客户以及将已有客户转化为忠实客户，增加业务的盈利和市场份额。客户关系管理主要有以下三层含义。

（1）客户关系管理是一种基于互联网的应用系统。它通过对企业业务流程的重组来整合用户信息资源，以更有效的方法来管理客户关系，在企业内部实现信息和资源的共享，从而降低企业运营成本，为客户提供更经济、快捷、周到的产品和服务，保持和吸引更多的客户，以求最终达到企业利润最大化的目的。

（2）客户关系管理是一项企业经营战略。它源于"以客户为中心"的新型商业模式，是一种旨在改善企业与客户关系的新型管理机制，企业据此赢得客户，并且留住客户，让客户满意。通过技术手段增强客户关系，并进而创造价值，最终提高利润，是客户关系管理的焦点问题。

（3）客户关系管理是一项营商策略。它需要用以客户为中心的营商哲学和文化来支持有效的市场推广、营销和服务过程，通过选择和管理客户达到最大的长期价值。

总之，客户关系管理不仅仅是一个软件，它是方法论、软件和IT能力的综合，更是商业策略。

素养之窗

客户服务的本质是以客户为中心，不断挖掘其潜在需求，并持续提升客户满意度的过程。客服人员要将"以客户为中心"作为客服岗位工作的指导思想和行动指南，树立强烈的服务意识；以满足客户需求为出发点，为客户提供多样、个性及定制化服务，真正做到以人为本、客户至上，坚持正确的价值追求。

小资料

业界对客户关系管理的解释

业界从不同的角度对客户关系管理做出了不同的解释。

（1）从商业哲学的角度：客户关系管理是把客户置于决策出发点的一种商业哲学，它使企业与客户的关系更加紧密。

（2）从企业的战略角度：客户关系管理是通过企业对客户关系的引导，达到企业利润最大化的企业战略。

（3）从系统开发的角度：客户关系管理是帮助企业以一定的组织方式来管理客户的互联网软件系统。

3. 客户关系管理的内涵

客户关系管理概念从提出到现在，已经形成了较完善的理论体系，客户关系管理的内涵主要包括以下三个方面。

（1）客户关系管理是一种旨在改善企业与客户之间关系的管理理念。客户关系管理是为适应企业经营模式从"以产品为中心"到"以客户为中心"的战略转移而迅猛发展起来的新的管理理念，其核心思想是将企业的客户（包括最终客户、分销商和合作伙伴）作为最重要的企业资源，通过完善的客户服务和深入的客户分析来满足客户的需要，保证实现客户的价值。

（2）客户关系管理是一种旨在改善企业与客户之间关系的新型管理机制。它实施于企业的市场营销、销售、客户和技术等与客户相关的领域。通过向企业的销售、市场和客户服务的专业人员提供全面、个性化的客户资料，并强化跟踪服务、信息服务能力，使他们能够协同建立和维护一系列与客户和生意伙伴之间卓有成效的一对一关系，从而使企业得以提供更快捷和周到的优质服务，提高客户满意度，吸引和保持更多的客户，从而增加营业额。

另外，通过信息共享和优化商业流程来有效地降低企业经营成本。客户关系管理的实施，要求以客户为中心来构架企业的业务流程，完善企业对客户需求的快速反应和管理者决策支持系统，规范以客户为核心的工作流程，建立客户驱动的产品、服务设计，进而培养客户的品牌忠诚度，提高客户价值，从而扩大可赢利份额。

（3）客户关系管理是一种管理软件和技术。客户关系管理将最佳的商业实践与数据挖掘、数据仓库、一对一营销、销售自动化以及其他信息技术紧密结合在一起，为企业的销售、客户服务和决策支持等领域提供业务自动化的解决方案，是一个基于电子商务的面对客户的系统，从而顺利实现由传统企业模式到以电子商务为基础的现代企业模式的转化。

三、客户关系管理的目标和作用

1. 客户关系管理的目标

客户关系管理的目标就是活动的最终结果，企业的最终目标是利润最大化，作为企业管理手段之一的客户关系管理，需要站在客户关系的角度配合企业完成这个目标。客户关系管理的目标包括三个方面。

（1）挖掘、获得、发展和避免流失有价值的客户。通过交叉销售和刺激客户的购买倾向等手段挖掘、获得有价值的客户，同时通过培养客户忠诚，发展和挽

项目五 客户关系管理

留有价值的客户关系，减少客户流失，改变或放弃无潜在价值的客户。

> **小知识**
>
> 交叉销售是指发现现有客户的多种需求，并通过满足其某一种需求而实现销售多种相关服务或产品的营销方式。促成交叉销售的各种策略和方法即"交叉营销"。简言之，交叉销售就是向拥有本公司某种产品的客户推销本公司的其他产品。比如，某客户在你这儿购买一款帐篷，你可以向其销售洗漱包、防潮垫等。

（2）更好地认识和发现实际的或潜在的客户。这就要求企业首先对目标客户有一个清晰的认识，然后在适合的地点、适合的时间，以适合的方式来寻找符合要求的客户。

> **小知识**
>
> **目 标 客 户**
>
> 目标客户是指企业或商家提供产品、服务的对象。目标客户是市场营销工作的前端，只有确立了消费群体中的某类目标客户，才能展开有效、具有针对性的营销事务。

（3）避免和及时处理"恶意"客户。恶意客户的目的不是买产品，而是给企业捣乱，他们利用交易规则进行敲诈，损害店铺形象。对于这样的客户，企业自身的产品质量要过硬、有特色，有其他产品没有的竞争优势；服务要更贴心；多关注对方，留意客户信用、差评记录，提前做好取证，时刻准备维权。

综上，客户关系管理的最终目标是吸引新客户、保留老客户以及将已有客户转化为忠实客户，增加市场份额。

素养之窗

某公司在某网络平台开了一家旗舰店，客服部陆续接到多名客户反馈称，自己的信息被泄露导致推销电话骚扰不断。该公司经过深入摸查后发现，一名入职不久的客服员工将一种名为"八××采集器"的信息采集软件非法安装到公司的办公App，利用工作之便非法盗取客户交易信息和个人信息。这家公司的当事人主动向公安机关报案，然而，除了涉事的这名员工，这家公司又该承担什么责任呢？商家该如何做好防范，保护消费者隐私呢？

根据《中华人民共和国消费者权益保护法》第二十九条第二款规定：

"经营者应当采取技术措施和其他必要措施，确保信息安全，防止消费者个人信息泄露、丢失。"保护隐私信息数据，经营者需负责。商家要做好信息保密工作，加强信息保护意识。对公司人员进行备案实名登记，对人员的真实性和可靠性进行审查，确保应聘者的身份真实，要求员工不得转卖/非法提供个人信息，若发现"内鬼"行为，需严厉处置，并移交公安机关处理。店铺负责人要管理好账号的权限，对员工的权限谨慎赋予，尤其涉及订单导出这类功能的权限，若发现异常需要立刻收回权限，并加强对客服人员的培训，定期进行网络安全意识教育和法治教育。

《中华人民共和国国民经济和社会发展第十四个五年规划和2035年远景目标纲要》明确提出，"加强涉及国家利益、商业秘密、个人隐私的数据保护，加快推进数据安全、个人信息保护等领域基础性立法，强化数据资源全生命周期安全保护。"信息时代赋予了每个人守护网络安全的使命和义务。商家在管理客户信息时应遵从行业自律的原则，恪守相关法律法规，构建信息安全管理架构，持续通过"制度+技术"手段筑牢信息安全保护防线，规避信息安全风险所带来的危害。客服不能把客户信息当成敛财的工具，要树立正确的营销伦理观念，做好客户信息保护，同时也要提升公民的网络安全意识和风险防范能力，共筑网络安全防线，让互联网健康有序发展。

2. 客户关系管理的作用

实施客户关系管理对企业有四个方面的作用，如图5-2所示。

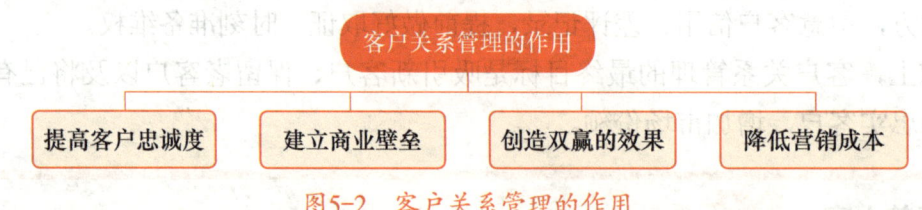

图5-2 客户关系管理的作用

（1）提高客户忠诚度。很多企业通过促销、赠券、返利等项目"贿赂"客户，期望得到自己需要的客户忠诚度，但往往事与愿违。现在的客户需要的是一种特别的对待和服务，企业如果通过提供超乎客户期望的可靠服务，将争取到的客户转变为长期客户就可以实现客户的长期价值。

（2）建立商业壁垒。促销、折扣等传统的手段不能有效地建立起进入壁垒，且极易被对手模仿。通过建立客户关系管理系统，使对手不易模仿，客户的资料都掌握在自己手中，其他企业想挖走客户则需要更长的时间、更多的优惠条件和更高的成本。只要能充分有效地为客户提供个性化的服务，客户的忠诚度将大大提高。

（3）创造双赢的效果。客户关系管理之所以受到企业界的广泛青睐，是因为良好的客户关系管理对客户和企业均有利，是一种双赢的策略。对客户来说，客户关系管理的建立能够为其提供更好的信息、更优质的产品和服务；对于企业来说，通过客户关系管理可以随时了解客户的构成及需求变化情况并由此制定企业的营销方向。

（4）降低营销成本。过去企业的业务活动都是为了满足企业的内部需要，而不是客户的需要，不是以客户为核心的业务活动会降低效率，从而增加营销成本。现在企业采用客户关系管理系统，通过维系现有的客户及追求高价值的客户等措施促进销售的增长，节约了销售、营销费用及客户沟通、内部沟通成本。另外，客户关系管理系统的应用还可以大大减少人为差错，降低营销费用。

啤酒和纸尿裤

啤酒和纸尿裤是客户群完全不同的商品，但沃尔玛通过商场智能化信息分析系统对客户的购买清单信息进行分析发现，在居民区中纸尿裤卖得好的店面啤酒也卖得很好。原因其实很简单，一般太太让先生下楼买纸尿裤的时候，先生们都会犒劳自己两听啤酒。因此啤酒和纸尿裤一起购买的机会是最多的。而原来这两种商品是摆放得较远的，当超市重新调整货架，使客户买纸尿裤时很容易就能看到啤酒，销量大大提升了。

四、电子商务环境下的客户关系管理

1. 电子商务环境下客户关系管理的特点

在电子商务环境下必须有新型的客户关系管理模式，这种客户关系管理模式是通过互联网为客户提供服务的，同时客户也可通过在线方式获取信息和自助式服务，即电子化客户关系管理（Electronic Customer Relationship Management，ECRM）。与传统的客户关系管理相比，电子化客户关系管理具有四个特点，如图5-3所示。

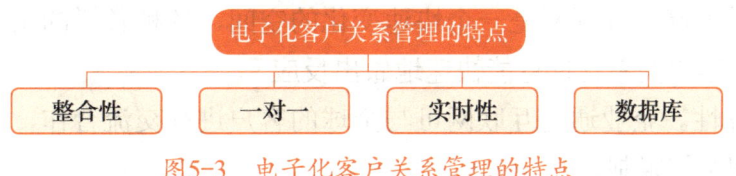

图5-3　电子化客户关系管理的特点

（1）整合性。它包含了前端和后端的整合。前端指的是统一的联系渠道，它使得企业可以同时让客户根据自己的情况，在不同时间以电话、传真、网站或电子邮件等各种方式与企业接触。更重要的是，不论是服务专员还是自动化装置，企业所提供的解答，都应当一致。后端则是指用先进的资料分析方法，深入探索客户相关的知识，作为客户关系管理的依据。

（2）一对一。电子商务环境下，客户的个性化需求越来越明显，电子化客户关系管理是以每一个客户作为一个独特的区域，所以对客户行为的追踪和分析，都是以单一客户为单位的，发现他的行为方式与偏好。同时，应对策略或营销方案也是依每个客户的个性来提供的。与客户一对一就是为了让客户能够真正满意并成为忠诚客户，这是唯一的目标，与客户一对一不是为了取悦客户，而是让客户接受产品和服务并使消费体验高于期望值，从而达到满意并持续购买服务。

（3）实时性。电子商务环境下客户快速地接受大量信息，所以客户的偏好也在不断地改变。企业必须不断地观察客户行动的改变，并立即做出应对策略，才能掌握先机，赢得客户。

（4）数据库。营销结合基于互联网的客户关系管理是一个完整的收集、分析、开发和利用各种客户资源的系统。这种新型的系统应该与数据库营销相结合，客户与公司交往的各种信息都能在客户数据库中得到体现，数据库营销能最大限度地满足客户个性化的需求。

2. 电子商务环境下客户关系管理的优势

在电子商务环境下，相对于传统商务环境，电子化客户关系管理具有的优势如图5-4所示。

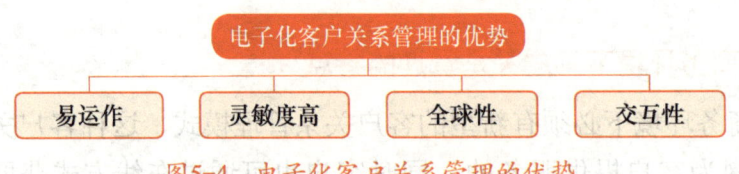

图5-4 电子化客户关系管理的优势

（1）易运作。互联网只需要企业上网就能进入网络环节，这减少了许多传统环境下的中间环节，互联网缩短了公司与客户之间的距离，信息的广泛交流不仅提高了商务效率，也使电子商务从业者对环境的适应性增强。

（2）灵敏度高。互联网是一个快速变化的空间，各种各样的用户需求随时会出现，电子化客户关系管理总能快速地做出反应。

（3）全球性。企业通过互联网可与全球的客户进行交流合作，大大削弱了商业活动的地理空间限制。

（4）交互性。互联网的快速反应和回复，使得企业在该环境下可与客户进行实时信息交流，高效率地完成全部信息交换过程。

3. 电子商务和客户关系管理一体化

在电子商务环境下，市场竞争激烈，客户关系显得尤为重要，只有将电子商务和客户关系管理一体化，才能使企业资源运用和价值实现发挥出最大效能，企业必须把实现电子商务看作客户关系管理整体战略的首要部分。

电子商务和客户关系管理一体化的做法是将网站和公司的客户数据库连接起来，网站可以通过对客户网页浏览的顺序、停留的时间长短进行分析，为这位客户建立个人档案，识别出具有相似浏览习惯的客户。电子商务前端的客户关系管理应该和企业的内部管理系统连接起来，不管客户从哪个渠道进来，都可以与后台的企业管理系统连接起来。网站的一切工作都应围绕着客户需求这一中心，要符合客户的浏览习惯，充分考虑到客户在网上碰到困难时需要的帮助和技术支持。开展网上自助服务，客户根据自己的意愿随时随地上网查询，自行解决自身遇到的问题，以帮助降低成本。

将电子商务和客户关系管理一体化，构造新型的客户关系管理模式是企业在网络经济环境下成为赢家的基础。

客道公司

客道公司于2011年1月与淘宝网阿里旺旺卖家版合作，推出基于官网旺旺插件平台的首款客服工作插件——客道精灵，掀起了旺旺客服工作革命，为业界客服带来了巨大的效率提升。2011年10月客道公司产品覆盖了淘宝网70%以上的类目头部卖家，并在"双11""双12全民疯抢"等淘宝大型活动中表现突出，成为超级卖家大促活动的必备利器。

客道公司的产品主要有客道CRM、雁书和客道精灵。

（1）客道CRM——基于平台实时数据的客户服务平台，通过建立完善的客户多维度数据库，对客户进行精细化分组、智能营销、关怀服务等。同时，系统整合客道精灵、智能催付、询单分析等运营工具，有效优化电商业务流程。

（2）雁书——电子商务短信、邮件智能营销平台，无缝自动对接店铺信息，准确挖掘营销对象，全面的营销效果分析，对营销活动的投入产出比进行有效评估。

（3）客道精灵——首款官方旺旺插件，客服工作方式的革命，客服效率提升5倍以上，极大地缩短客服响应时间，提升客服服务质量，提升转化率与客单价。通过对售前、售中、售后工作的分析,针对各业务细节进行优化,有效提升客服能力。

客道CRM是淘宝唯一一款提供实时完整数据的软件系统,可提高对店铺数据的掌控能力。其能与客道精灵进行信息互通,实现知识库、用户信息的共享;客道精灵在实现效率提升的基础上,达到客户信息收集、识别的目的,为后端CRM提供支撑。

客道CRM为大量电子商务大型卖家提供客户关系管理服务,为电商的客户服务质量提升与管理、客户关系维护和推广、潜在客户的挖掘、客户营销管理提供了有力的保障。客道CRM基于完善的多维度数据实时更新技术,为客户的精准细分提供了可靠的基础,成为行业内客户关系管理的标杆型产品。

任务评价

结合理论知识学习和任务实施的具体过程,将操作内容记录在表5-3中,并对完成效果进行评价。

要求:表5-3列出的4个知识点,第2、3个知识点是完成本任务必须掌握的,其他知识点有一定的了解即可;技能点是必须掌握的。

表5-3 认识客户关系管理知识与技能评价表

项目	内容	简要介绍	评价				
			很好	好	一般	差	很差
知识	1. 客户关系的含义及类型						
	2. 客户关系管理的内涵						
	3. 客户关系管理的目标和作用						
	4. 电子商务环境下的客户关系管理						
技能	能够利用搜索引擎查找客户关系管理相关资料						

任务二 运用客户关系管理的方法

情景导入

张婷作为广西五十二度电子商务有限公司天猫旗舰店的客服人员,充分认识到在客户关系管理中开发新客户和维护老客户的重要性,她说:"做生意不能一直坐等着客户上门,更不能认为老客户没有什么用,那样会导致店铺生意越做越差,个人收入也越来越低。"所以,客服人员一定要重视新客户的开发和老客户的维护,这样企业才能长久地发展下去。

情景分析

张婷作为广西五十二度电子商务有限公司的客服人员,不仅要熟悉和掌握天猫会员关系管理工具的使用方法和技巧,还要掌握开发新客户和维护老客户的理论和方法。

任务实施

任务实施导航结构图:

```
运用客户关系管理的方法
    ├── 熟悉天猫会员关系管理工具的内容
    └── 掌握开发新客户和维护老客户的途径和方法
```

一、熟悉天猫会员关系管理工具的内容

(1)进入天猫"商家中心"。登录"天猫"首页,将鼠标移至网页右侧滚动条处,将滚动条拖至网页最下方,单击"商家中心",如图5-5所示。

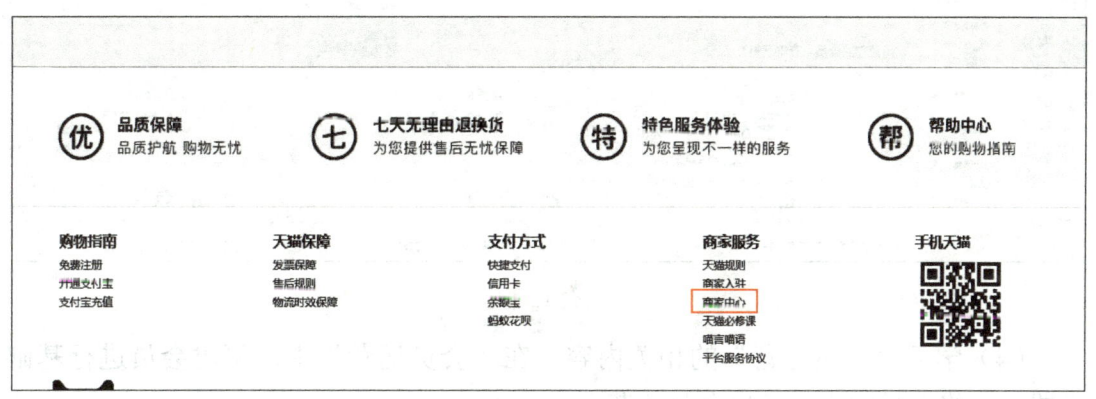

图5-5 单击天猫"商家中心"

(2)进入千牛商家工作台。单击"商家中心"即可进入"千牛商家工作台",单击"私域",如图5-6所示。

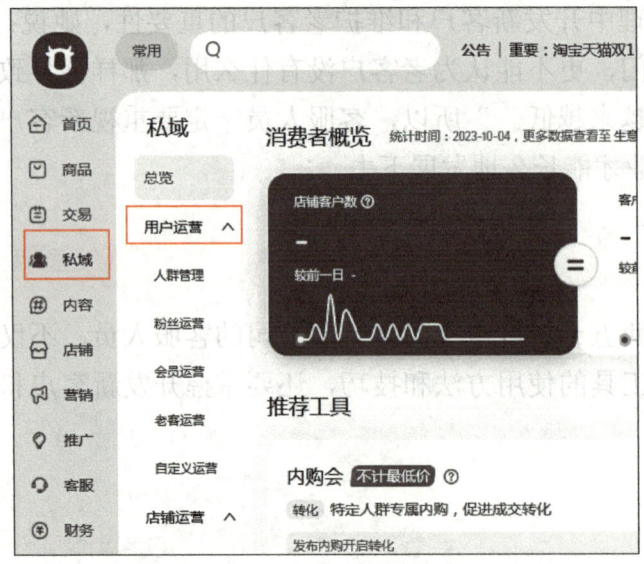

图5-6 进入千牛商家工作台

（3）进入"用户运营"页面。在"用户运营"菜单下，可以对店铺"人群管理""粉丝运营""会员运营""老客运营"以及"自定义运营"进行对应操作，其中"会员运营"操作页面如图5-7所示。

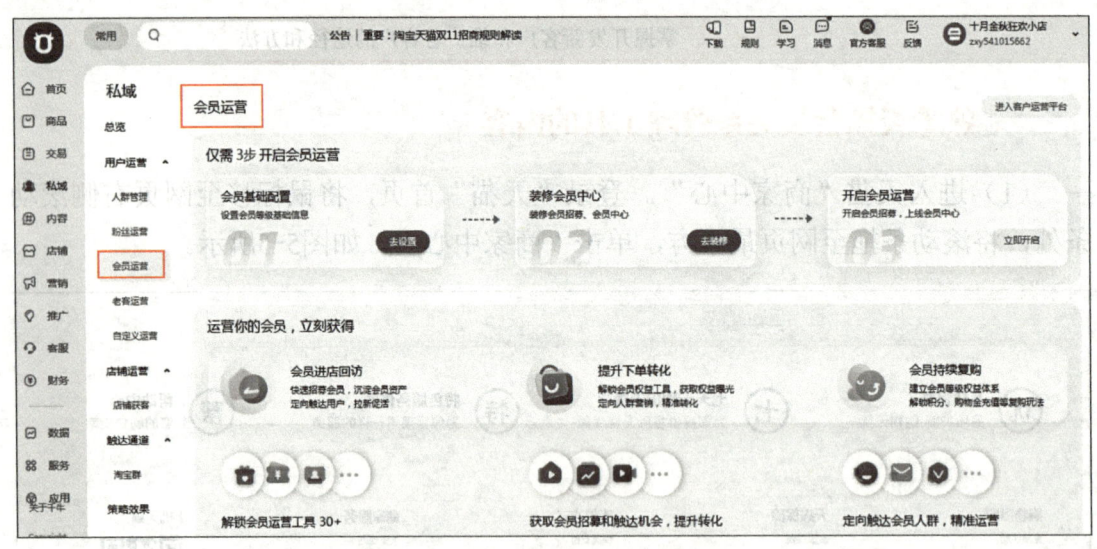

图5-7 进入"会员运营"操作页面

（4）学习"会员运营"的相关内容。在"会员运营"中，可对会员进行基础设置，装修会员中心，开启会员运营。

二、掌握开发新客户和维护老客户的途径和方法

（1）利用网络资源，查找开发新客户和维护老客户的途径及方法。

（2）根据查询到的信息，完成表5-4内容的填写。

表5-4 开发新客户和维护老客户的途径及方法

序　号	方　式	具体途径和方法
1	开发新客户	
2	维护老客户	

知识链接

一、开发新客户

1. 开发新客户的意义

思考开发新客户的意义对企业改变自身的做法会有帮助。单纯依靠老客户，企业通常只能维持现状。要想在原来规模的基础上有增长，企业就需要赢得更多新的目标客户。从这个角度看，不断得到新客户是企业长期发展的一个根本条件。新客户的加入为企业注入新的血液，特别是大的潜在客户的加入，会对企业盈利产生重要的影响。

企业想健康、平稳地发展必须做好两件事：一是实现合作客户忠诚度的最大化，二是不断挖掘新客户资源并将其发展成合作客户。维护客户的最好方法就是不断开发新客户，但是在市场变幻莫测的今天，企业难以把握合作客户，合作客户本身也难以预知自己的未来，客户忠诚度较难提高。如果企业能够不断认识越来越多的新客户，从客户的角度为其可持续发展出谋划策，让客户觉得企业是他的得力助手，企业将会获得大发展。

2. 开发新客户的途径

对网店来说，获取新客户可以通过以下四种途径。

（1）老客户介绍。如客户购买了某产品，朋友也喜欢，于是介绍朋友来购买。

（2）广告宣传。网店在网上发布广告信息或参加营销推广活动，等着客户找上门。

（3）网络销售人员开发。网络销售人员可以通过搜索引擎的关键词或分类目录查找客户资料，主动联系客户；也可以借助电子商务供求平台查找需求信息，联系客户。

（4）客服人员开发。一般情况下，网络新客户的第一次成交难度是最大的，因为会存在着怀疑、不信任、怕承担风险等心理。销售过程中，客服应该紧紧地把握客户心理，努力快速地促成第一次交易。

3. 开发新客户的方法和技巧

（1）克服心理障碍，保持积极的成交态度。新手客服人员在推销的过程中经常会产生一些不利于成交的心理障碍，如担心成交失败。因为在沟通的过程中，尤其是当客服通过各种方式向客户传达商品信息的时候（如介绍新品、介绍店铺主推的爆款等），客户经常会发出一些疑问，去怀疑产品价格、产品质量、产品的售后服务，甚至会怀疑客服人员本身，有一些客服人员就会紧张，甚至词不达意。一旦出现这种情况，成交就比较难以实现。因此，客服人员的心理是销售成功的基础，只有坚定自信，保持积极的成交态度，加强心理方面的训练，才能消除各种不利于成交的心理障碍，顺利地促成交易。

在工作中客服要注意以下几点。

1）正确地对待失败。营销失败是销售过程中经常遇到的情况，有一些客服人员在经历了几次失败以后，成交失败的心理障碍就会出现，在销售过程中就很有可能出现情绪急躁的现象，表现出急于求成的心情。这样做会引起客户的疑心，他们会认为产品有问题，甚至会坚定拒绝购买的决心。这对客服而言，只会让失败的次数越来越多，导致心态上的恶性循环。因此，一定要正确地对待失败，明白没有常胜将军、胜败乃兵家常事的道理。即使是优秀的客服人员，也不可能每一次营销都能获得最后的成功。客服人员一定要鼓起勇气，不怕挫折和失败，坦然面对各种结果，从而取得心理上的优势。

2）要有自信心。有些人觉得做客服工作低人一等，有不同程度的职业自卑感。这种自卑感对于销售成功有着非常大的影响，它会通过语言、行为等不自觉地表现出来，使得自己在从事销售工作时不能专心致志，不能充满热情，从而影响最后的成交。客服人员一定要充分了解工作的社会意义和价值，应该为自己的工作感到自豪和骄傲，只有这样才能激发出努力工作的热情和力量。培养职业自豪感和自信心，战胜自己，克服职业自卑感，是成交的巨大保障。

3）要有积极主动的心态。有些客服人员认为客户会自动提出成交请求，或者以为客户在交流结束的时候会自动购买产品，因此在销售过程中总是慢慢等待。有些客户即使有购买意向，也会采取被动的态度，一般都需要客服人员提出成交请求。因此，客服人员必须认识到这一点，只要有机会，就应该大胆主动地提出成交请求，并且施加适当的压力，积极地促成交易。

开发新客户的方法和技巧

（2）用心做好服务，及时主动地促成交易。在互联网环境中，客户通常处于优势地位，尤其是在消费品市场，基本不愿意主动地提出成交请求，更不愿意主动明确地提示成交。但是客户的购买意向总会有意无意地通过各种信号表现出来，如语言文字信号、行动信号等。因此，客服人员一定要在网上留意观察客户的一言一行，要善于捕捉稍纵即逝的成交信号，抓住时机，更为关键的是要及时主动地促成交易。比如，客服人员可以尝试性地用下面的语言提示客户成交："亲，您下单吧，还来得及赶在今天下午5点之前发货。""亲，我们这款衣服因为是新品，只有前10名客户才能享受到这个价格！""亲，在这个月底后，我们这个宝贝的价格就要涨50元钱了。"

（3）不要轻易地亮出王牌。客服人员在实际的营销工作中，要学会保留一定的退让余地，不要轻易地亮出王牌。许多成交都要经过一番沟通与交流、讨价还价等，客户从对所销售的商品产生兴趣到最终做出购买决定，是需要一定的时间的。有的客服人员在刚刚开始接触客户的时候就把所有的优惠条件和盘托出，没有了退让的余地，当客户要求再做出一些让步才能成交时，客服就处于很被动的境地了。因此，不管是线上还是线下，为了促成最后的成交，客服人员应该讲究技巧，不到万不得已的时候不要把最后的王牌露出来。比如，在成交的关键时刻，客服人员可以进一步引导客户，增强客户的购买决心："亲，如果现在购买的话，我们还有小礼品赠送，这个活动到×月×日就截止了。""亲，宝贝都是最低价，利润微薄，请亲谅解！""亲，满×元仓库随机送一份小礼品，礼物代表一份心意，希望您喜欢！"

（4）正确地对待没有成交的客户。第一次接触就能成交的概率较低，但是第一次被拒绝并不意味着失败，用心服务客户，与客服交朋友，就有可能达成最后的成交。对待没有成交的客户，客服应该想办法建立潜在客户数据库，在互联网时代，这个目标更容易实现。例如，主动加客户为好友做好备注，鼓励客户收藏、加入企业的QQ群，成为企业的微博粉丝、微信粉丝等。

（5）把握成交时机，随时促成交易。客服人员一定要机动灵活，随时发现成交的信号，把握每一个转瞬即逝的成交时机。一个完整的销售过程往往要经历寻找客户、与客户接触、处理异议和下单成交等不同的阶段，这些不同阶段之间相互联系、相互影响、相互转化。在销售的任意一个阶段，都有可能成交，一旦时机成熟，客服人员就应该立即促成。很多客服也许非常善于接近客户并且说服客户，但总是抓不住有力的成交时机，经常功亏一篑。把握成交时机，要求客服人员具备一定的判断力，才能及时有效地做出准确无误的判断。

二、维护老客户

1. 维护老客户的意义

维护老客户对企业来说是非常重要的，主要表现在以下四个方面。

（1）使企业的竞争优势长久。企业的服务已经由标准化细致入微服务阶段发展到个性化客户参与阶段。成功的企业和成功的客服人员，把留住老客户作为企业与自己发展的头等大事。

（2）使成本大幅降低。发展一位新客户的投入是巩固一位老客户的5倍，确保老客户的再次消费是降低销售成本和节省时间的好方法。

（3）有利于发展新客户。在商品琳琅满目、品种繁多的情况下，老客户的口碑营销作用不可低估。

（4）会获取更多的客户份额。忠诚客户愿意更多地购买企业的产品和服务，忠诚客户的消费支出是随意消费支出的2～4倍。

2．维护老客户的途径和方法

企业要千方百计地留住老客户，维护老客户的途径和方法主要有以下五个方面。

（1）明确客户需求，细分客户，积极满足客户需求。具体方法主要有以下三点。

1）利用优惠措施，加强与客户的沟通交流。更多优惠措施，如数量折扣、赠品、秒杀、试用、更长期的赊销等。经常和客户进行沟通交流，保持良好融洽的和睦关系。

2）特殊客户特殊对待。根据80/20法则，公司利润的80%是由20%的客户创造的，并不是所有的客户对企业都具有同样的价值，有的客户带来了较高的利润率，有的客户对于企业具有更长期的战略意义。美国《哈佛商业评论》杂志发表的一篇研究报告指出，多次光顾的客户比初次登门的客户可为企业多带来20%～85%的利润。所以善于经营的企业要根据客户本身的价值和利润率来细分客户，并密切关注高价值的客户，保证他们可以获得应得的特殊服务和待遇，使他们成为企业的忠诚客户。

3）提供个性化服务。提供系统化解决方案，不仅仅停留在向客户销售产品的层面上，要主动为他们量身定做一套适合的系统化解决方案，在更广范围内关心和支持客户的发展，增强客户的购买力，扩大其购买规模，或者和客户共同探讨新的消费途径和消费方式，创造和推动新的需求。

（2）建立客户数据库，和客户建立良好关系。在信息时代，客户通过互联网等各种便捷的渠道可以获得更多、更详细的产品和服务信息，使得客户比以前更加聪明、强大，更加不能容忍被动的推销。与客户的感情交流是企业用来维系客户关系的重要方式，日常拜访、节日的真诚问候、婚庆喜事、过生日时的一句真诚祝福、一束鲜花，都会使客户深为感动。交易的结束并不意味着客户关系的结束，企业在售后环节还要与客户保持联系，以确保他们的满足感持续下去。企业需要快速地和每一个客户建立良好的互动关系，为客户提供个性化的服务，使客户在购买过程中获得产品以外的良好心理体验。

（3）深入与客户进行沟通，防止出现误解。客户的需求不能得到切实有效的满足往往是导致客户流失的关键因素。一方面，企业应及时将企业经营战略与策略的变化信息传递给客户，便于客户工作的顺利开展。另一方面，善于倾听客户的意见和建议，建立相应的投诉和售后服务沟通渠道，鼓励不满的客户提出意见，及时处理客户的不满，并且从尊重和理解客户的角度出发，站在客户的立场去思考问题，采用积极、热情和及时的态度。大量实践表明，多数客户离开其供应商是因为对客户的关怀不够。

（4）制造客户离开的障碍。一个保留和维护客户的有效办法就是制造客户离开的障碍，使客户不能轻易去购买竞争者的产品。因此，企业自身要不断创新，改进技术手段和管理方式，提高客户的转移成本和门槛；从心理因素上，企业要努力和客户保持亲密关系，让客户在情感上忠诚于企业，对企业形象、价值观和产品产生依赖和习惯心理，就能够和企业建立长久关系。

品牌在客户心目中的层次和地位与其客户参与的程度存在正比关系。企业品牌在客户心目中的层次和地位越低，客户参与企业的愿望就越弱；企业品牌在客户心目中的层次和地位越高，甚至认为这个品牌关系到自己的切身利益，那么客户就越愿意参与这个企业的各种活动，企业与客户的关系就越紧密。这就要求企业必须改变以往的单向灌输式信息传播方式，尽量与客户进行沟通和互动，让客户参与其中，才能建立起长期、稳定的客户感情和友谊，从而立于不败之地。

（5）不断培训服务人员，培养忠实的员工。忠实的员工带来忠实的客户。成功的客服人员是从保持现有客户并且扩充新客户，使销售额越来越多，销售业绩越来越好的角度考虑问题的。没有老客户做稳固的基础，对新客户的销售也只能是对所失去的老客户的抵补。

从服务利润链分析可知，要保持客户忠诚必须从员工着手，具体可采取以下措施。

1）注重员工培训、教育，为企业员工提供发展、晋升的机会。
2）为员工尽可能创造良好的工作条件，以利于他们高效地完成工作。
3）切实了解员工的各种需求，并有针对性地加以满足。

3. 维护老客户的技巧

对于一个店铺来说，如果只靠引入新客户来维持店铺成交的话，那这个店铺很难做得很好，因为新客户是有限的，不可能有无限的新客户引入。所以要把那些购买过商品的客户发展成店铺的老客户,这样店铺才会有源源不断的成交。维护老客户的技巧主要有以下几点。

(1)对客户进行分类。利用搜集到的客户信息资料,可按客户消费层次、风格或会员等级等信息对聊天工具上的老客户进行分类。对客户进行分类有利于店铺对不同类型的客户制订不同的营销和服务策略。

(2)建立互动平台。专门建立一个客户群让客户加入,方便客户平时在群里沟通交流。店家可定期或不定期在群里发放红包、优惠券,发布新产品优惠信息等;也可以对成交后的客户进行问候,询问客户是否有疑问或有产品使用问题需要咨询等;还可以分享有用的生活常识、新闻等,以此活跃群里的气氛、增强客户好感。建立互动平台与客户进行交流,了解问题并进行记录、解决、向上反映,可让客户产生对客服的依赖、信任。

(3)主动联系。卖家利用客户管理工具定期或不定期主动与客户联系,可向客户宣传商品、传递促销信息或发放优惠券,也可在特殊节日或客户生日为客户送去生日礼物表达关心与问候,让客户记住店铺,并成为店铺的忠实客户。但是,发送的信息不要太官方,否则会让客户产生反感,甚至删除或屏蔽客服发送的信息。当然,企业还可以利用微博、微信、邮件等方式,加强与老客户的联系,维护与老客户的关系,提升客户黏性。

素养之窗

大数据在电商客户管理中的应用

数字经济在推动构建新发展格局中起着重要作用,我国的大数据、云计算、区块链等新兴技术已经跻身世界第一梯队。大数据如何应用于电商行业呢?电商企业可通过大数据收集的信息或非结构化数据理解人们的习惯,并利用它来发展自己的业务。大数据有助于企业更好地判断用户的习惯和喜好,并提出更好的产品展示给用户,帮助用户更快、更好、更高效地购物。

(1)趋势预测。利用大数据可以预测市场趋势并获取优势;大数据还可以帮助企业确定将在一段时间内主导市场的产品。

(2)识别模式。消费者在电商平台购物的时间越久,他们留下的数据足迹也越长。这些基于"何时、何地、谁、查看了什么、买了什么"的数据足迹,有利于商户揣摩客户消费习惯,识别客户需求,并有利于精准广告投放。例如,客户买过一次电动牙刷,算法会预测客户的需求还有牙膏,客户的手机或计算机屏幕上未来几周可能会有牙膏广告。

（3）季节性购物。大数据还可以帮助企业通过结合预测趋势和识别模式为客户提供季节性的产品，从而显著改善商家的业务。因此，无论是中秋节还是春节，商家都可以保持领先客户一步，并引导他们购买正在寻找的产品，而不会浪费时间和精力。

（4）个性化客户服务。电子商务公司可以借助大数据使用客户提供的信息，通过分析客户的浏览记录、在线搜索关键词，为他们制定个性化的客户服务体验。这可以帮助电子商务公司留住这些客户并与他们建立良好的关系。

实施客户关系管理战略，更重要的是能够通过数据挖掘为客户提供与众不同的个性化服务。基于大数据挖掘的电子商务推荐系统通过对客户的访问行为、访问频度、访问内容等信息进行挖掘，根据需求动态地向客户做页面推荐，提供个性化的商品信息和广告，提高客户对访问站点的兴趣和忠诚度，防止客户流失。

但是客户关系管理中应避免滥用数据，要强化客户隐私保护，企业需遵循相应的营销伦理，在数字经济时代不断创新。

任务评价

结合理论知识学习和任务实施的具体过程，将操作内容记录在表5-5中，并对完成效果进行评价。

要求：表5-5列出的3个知识点要求必须掌握；技能点是要求必须掌握的。

表5-5 运用客户关系管理知识与技能评价表

项目	内容	简要介绍	评价				
			很好	好	一般	差	很差
知识	1. 开发新客户的途径和方法						
	2. 老客户维护的途径和方法						
	3. 老客户维护的技巧						
技能	能够利用网络搜集"天猫会员关系管理内容"相关信息						

参 考 文 献

[1] 王晓望. 客户服务技能训练教程：基于体验经济[M]. 3版. 北京：机械工业出版社，2023.

[2] 方荣华，李美. 电子商务客户服务[M]. 2版. 北京：电子工业出版社，2021.

[3] 盘红华. 电子商务客户服务[M]. 2版. 北京：北京理工大学出版社，2020.

[4] 阿里巴巴商学院. 网店客服[M]. 北京：电子工业出版社，2016.

[5] 徐熠明，陈曦. 电子商务客户服务[M]. 2版. 北京：中国财政经济出版社，2023.

[6] 黄文莉. 网上开店实务：项目式教材[M]. 2版. 北京：机械工业出版社，2016.

[7] 马刚，杨兴凯，姜明. 客户关系管理[M]. 4版. 大连：东北财经大学出版社，2018.

[8] 周艳红. 电子商务客户服务[M]. 2版. 北京：中国人民大学出版社，2023.

[9] 张雪荣，徐艳. 网店客户服务与管理[M]. 上海：复旦大学出版社，2020.

[10] 方荣华，李美. 电子商务客户服务[M]. 2版. 北京：电子工业出版社，2021.

附 综合练习

项目一 网店客户服务概述

任务一 初识网店客服

一、判断题

1. 网络共享性与开放性使得人人都可以在互联网上获取和存放信息。
 （　　）
2. 客户就是企业需要服务的对象。（　　）
3. 经济组织提供的服务为无偿服务，非经济组织提供的服务为有偿服务。
 （　　）
4. 客服的最终目的就是要达到客户满意。（　　）
5. 与网店相比，传统实体商店主要具有开店方便快捷、店铺形式多样、经营管理高效、交易迅速安全的优势。（　　）

二、不定项选择题

1. 按客户所处的位置，可分为（　　）。
   A．外部客户　　　　　　　　B．老客户
   C．内部客户　　　　　　　　D．新客户
2. 客户服务工作的主要内容包括（　　）。
   A．咨询　　　　　　　　　　B．售前咨询
   C．售中引导　　　　　　　　D．售后服务
3. （　　）是客户检验企业能力的关键，主要工作是为客户讲解公司的产品或服务，引导客户完成消费。
   A．咨询　　B．售前咨询　　C．售中引导　　D．售后服务
4. 按网站性质不同，网店可分为（　　）。
   A．自建网站型　　　　　　　B．C2C 型
   C．B2C 型　　　　　　　　　D．借助第三方平台型
5. 客户服务主要分为人工客服和电子客服，其中人工客服又可细分为（　　）。
   A．文字客服　　　　　　　　B．视频客服
   C．售中客服　　　　　　　　D．语音客服

三、填表题

根据附表1-1中列出的网店客服类型，分别写出各类型客服的主要工作内容。

附表1-1　网店客服类型及主要工作内容

序号	网店客服类型	主要工作内容
1	售前客服	
2	售中客服	
3	售后客服	
4	电话客服	
5	网络客服	
6	销售客服	
7	投诉客服	
8	推广客服	
9	打包客服	

任务二　提升网店客服岗位的基本素质

一、判断题

1. 一名优秀的网店客服人员应该对其所从事的客户服务岗位充满热爱，忠诚于企业的事业，兢兢业业地做好每件事。　　　　　　　　　　　　　（　　）
2. 客服要拥有博爱之心，真诚地对待每一个人，并且要勇于承担责任。
　　　　　　　　　　　　　　　　　　　　　　　　　　　　　（　　）
3. 忍耐与宽容是优秀网店客服人员的一种美德。　　　　　　　（　　）
4. 客服要有良好的服务态度，不需要具有丰富的专业知识。　　（　　）
5. 客服需要做好本职工作，不需要善于协调与同事之间的关系。（　　）

二、不定项选择题

1. 一个合格的网店客服应该具备的基本素质有（　　）。
   A. 心理素质　　　　　　　　　B. 综合素质
   C. 品格素质　　　　　　　　　D. 技能素质
2. 下列属于心理素质的有（　　）。
   A. 热情主动的服务态度　　　　B. 处变不惊的应变能力
   C. 挫折打击的承受能力　　　　D. 情绪的自我控制及调节能力

3. 网店客服应该具备的技能素质主要有（　　　）。
   A．丰富的专业知识
   B．良好的沟通能力及技巧
   C．独立处理日常工作的能力
   D．敏锐的观察力和洞察力
4. 网店客服应具备的综合素质主要体现在（　　　）。
   A．要有"客户至上"的服务观念
   B．要有独立处理日常工作的能力
   C．要有分析解决各种问题的能力
   D．要有良好的人际关系协调能力
5. 网店客服的考核指标一般包括（　　　）。
   A．订单成交总额　　　　　　B．成交转化率
   C．响应时间　　　　　　　　D．接待人数

三、填表题

根据附表1-2中列出的网店客服应具备的基本素质，分别写出各素质对应的具体要求。

附表1-2　网店客服应具备的基本素质及要求

序　号	基本素质	具体要求
1	心理素质	
2	品格素质	
3	技能素质	
4	综合素质	

项目二　售前准备及咨询接待

任务一　熟知第三方平台规则

一、判断题

1. 规则一般是指由群众共同制定、公认或由代表人统一制定并通过的，由群体里的所有成员一起遵守的条例和章程。　　　　　　　　　　　　（　　　）

2. 规则是指规定出来供大家共同遵守的制度或章程,是一成不变的。
（　　）

3. 电子商务网站规则是指网站对用户（买方和卖方）增加基本义务或限制基本权利的一系列条款。（　　）

4. 不同第三方平台的规则不尽相同,同一网站规则也不是一成不变的,会根据具体情况发生变化,用户要不断关注网站规则的变化情况,规避一些违规行为。（　　）

5. 自建平台电子商务网站不需要遵守一定的电子商务交易规则。（　　）

二、不定项选择题

1. 规则主要具有（　　）三大特点。
   A．普遍性　　　　　　　　B．制约性
   C．可变性　　　　　　　　D．随意性

2. 规则是规定出来供大家共同遵守的制度或章程,体现了规则（　　）的特点。
   A．普遍性　　　　　　　　B．制约性
   C．可变性　　　　　　　　D．随意性

3. 社会由各种规则维持着秩序,不管规则是人为设定的还是客观存在的,只要是规则,便具有（　　）。
   A．普遍性　　　　　　　　B．制约性
   C．可变性　　　　　　　　D．随意性

4. 许多规则随着社会的发展相继废立,也有许多规则随着生活的需要而不断完善,体现了规则的（　　）。
   A．普遍性　　　　　　　　B．制约性
   C．可变性　　　　　　　　D．随意性

5. 电子商务网站规则是指网站对用户（　　）的一系列条款。
   A．提高服务　　　　　　　B．增加基本义务
   C．限制基本权利　　　　　D．满足需求

三、实践题

登录淘宝网站,在首页底部单击"淘宝规则"进入淘宝网平台规则页,在"规则辞典"中浏览查看相关信息,完成附表2-1的填写。

附表2-1 淘宝规则内容介绍

序 号	内 容	简 单 介 绍
1	淘宝总则	
2	店铺管理	
3	行业市场	
4	营销推广	
5	交易管理	
6	争议处理	
7	解读说明	
8	规则动态	
9	协议专区	

任务二 储备营销活动、付款及物流知识

一、判断题

1．常规活动可以理解为非官方活动时间，天猫店铺自主进行的营销活动，如对客户进行一些优惠或赠送小礼品等。（　　）

2．大型活动与特大型活动主要为官方活动。（　　）

3．红包只能使用一张，并且通常会有价格限制，而优惠券完全可以作为现金使用。（　　）

4．包邮都是无条件包邮。（　　）

5．网银是指银行面向所有用户和场景提供的网上银行综合服务，包括支付和转账等服务。（　　）

二、不定项选择题

1．常规活动方式主要有（　　）。
　　A．日常促销价　　　　　　B．优惠券
　　C．套餐　　　　　　　　　D．降价

2．常见的大促活动主要有（　　）等。
　　A．满送　　　　　　　　　B．送红包
　　C．优惠券　　　　　　　　D．日常促销价

3．常用的配送方式主要有（　　）。
　　A．包邮　　　B．平邮　　　C．快递　　　D．物流

4. 淘宝付款方式主要有（　　　　）。
　　A．官方平台支付付款　　　B．货到付款
　　C．银行卡付款　　　　　　D．他人付款
5. 阿里巴巴官方的付款方式主要有（　　　　）。
　　A．支付宝账户余额　　　　B．余额宝
　　C．花呗　　　　　　　　　D．银行卡

三、填表题

根据所学网络购物付款知识，完成附表2-2的填写。

附表2-2　网络购物付款流程

序　号	付　款　方　式	具体操作流程
1	官方平台支付付款	
2	货到付款	
3	银行卡付款	
4	他人付款	

任务三　运用客服常用工具

一、判断题

1. 网络客户服务大多为面对面的一对一式的服务。　　　　　　（　　）
2. 常用的网店客服工具为即时通信工具。　　　　　　　　　　（　　）
3. 即时通信是一种终端服务，是指能够即时发送和接收互联网消息的业务。　　　　　　　　　　　　　　　　　　　　　　　　　　　　（　　）
4. 行业即时通信主要局限于某些行业或领域，使用的即时通信软件往往不被大众所知。　　　　　　　　　　　　　　　　　　　　　　　（　　）
5. 免费即时通信是指在社区、论坛和普通网页中加入即时聊天功能，用户进入网站后可以通过聊天窗口与同时访问网站的用户进行即时交流。（　　）

二、不定项选择题

1. 网络客户服务的形式主要有（　　　　）。
　　A．即时通信　　　　　　　B．FAQ
　　C．网络社区　　　　　　　D．电子邮件
2. 企业的网上客户服务中心提供（　　　　）等服务。
　　A．服务热线　　　　　　　B．在线报修

C．产品咨询　　　　　　　　D．软件下载

3．即时通信利用的是互联网，通过（　　　）的信息交流与互动，有效节省了沟通双方的时间与经济成本。

A．文字　　　　　　　　　　B．语音

C．视频　　　　　　　　　　D．文件

4．即时通信软件目前有（　　　）两种架构形式。

A．A/S 架构，即客户端/服务器形式

B．C/S 架构，即客户端/服务器形式

C．E/S 架构，即浏览器/服务端形式

D．B/S 架构，即浏览器/服务端形式

5．（　　　）都属于个人即时通信软件。

A．移动飞信　　　　　　　　B．阿里旺旺

C．微信　　　　　　　　　　D．QQ

三、实践题

做一项关于即时通信工具使用情况的调查，撰写一份简单的调查报告。

要求：

1．调查内容应该包括常用的即时通信工具、主要使用功能、技巧等。

2．调查报告应对调查收集到的信息进行汇总统计并分析。

3．得出使用最多的即时通信工具和功能统计情况。

任务四　熟知售前接待流程

一、判断题

1．售前客服要真心诚意地服务客户。　　　　　　　　　　　　　　（　　）

2．好的客服人员一定要懂得变通，体现了主动的销售原则。　　　（　　）

3．客户服务过程中总会遇见客户提出这样或那样的问题，面对这种情况，客服应以退为进，尽可能打消客户的疑虑。　　　　　　　　　　　（　　）

4．接待客户要做到热心引导，不需要认真倾听。　　　　　　　　（　　）

5．对客户表示认同或理解，之后再用简短的补充来说服客户是促成交易中的利益总结法。　　　　　　　　　　　　　　　　　　　　　　　（　　）

二、不定项选择题

1. 售前客服接待原则有（　　　）。
   A．真诚原则　　B．服务原则　　C．销售原则　　D．完整原则
2. 服务原则包括（　　　）。
   A．真诚　　　　B．热情　　　　C．专业　　　　D．完整
3. 销售原则主要包括（　　　）。
   A．珍惜　　　　B．主动　　　　C．灵活　　　　D．信心
4. 网店售前客服接待流程为进店问好、接待咨询、推荐产品、处理异议和（　　　）。
   A．支付　　　　B．促成交易　　C．交流　　　　D．谈判
5. 常见促成交易的方法有（　　　）。
   A．利益总结法　　　　　　　　B．前提条件法
   C．询问法　　　　　　　　　　D．yes sir 法

三、填表题

根据所学内容，完成附表2-3内容的填写。

附表2-3　售前客服接待流程及内容介绍

序　号	售前客服接待流程	具体工作内容
1		对前来咨询的客户进行及时答复，给人留下好的第一印象
2	接待咨询	
3	推荐产品	
4		以退为进，尽可能帮助客户解决问题，消除客户的疑虑
5	促成交易	

任务五　客户接待与沟通技巧

一、判断题

1. 良好的第一印象是成功沟通的基础，客服可以介绍自己，加一些表情让客户感受到客服的热情。　　　　　　　　　　　　　　　　　　　　（　　）

2. 颜色方面的问题比较客观，可以通过销量、基本色调搭配进行推荐。
　　　　　　　　　　　　　　　　　　　　　　　　　　　　　　（　　）

3. 推荐尺码时可以把话说得很满、很肯定。　　　　　　　　　　（　　）

4. 价格议价主要是客户觉得价格高了或者是想讨价还价，此时客服可以从天猫价格不可以修改、包邮、优先帮其发货等方面去说服客户。（　　）

5. 下单发货时，客服要做好备注和跟踪。（　　）

二、不定项选择题

1. 客服人员在咨询接待过程中利用一定技巧可以（　　）。
   A．解决客户的疑问　　　　B．让客户了解产品、企业信息
   C．得到客户的认可　　　　D．顺利完成销售

2. （　　）等都属于产品信息的咨询。
   A．商品成分　　　　　　　B．面料特征
   C．产品细节　　　　　　　D．营销活动

3. 网络购物售前阶段出现的客户异议主要有（　　）。
   A．服务异议　　　　　　　B．产品异议
   C．价格异议　　　　　　　D．尺码异议

4. 确认订单主要是与买家核对（　　），说明是否是预售款等。
   A．地址　　　　　　　　　B．款式
   C．颜色　　　　　　　　　D．快递是否能送到

5. （　　）是客服对自己前期努力的完美收官，是让新客户成为老客户的一种重要手段。
   A．进店问好　　　　　　　B．处理异议
   C．确认订单　　　　　　　D．礼貌送客

三、填表题

根据所学客户接待与沟通技巧的相关知识，提炼各环节的关键点，完成附表2-4的填写。

附表2-4　客户接待与沟通技巧总结

序号	项目	关键点
1	进店问好	
2	接待咨询	
3	推荐产品	
4	处理异议	
5	促成交易	
6	确认订单	
7	礼貌告别	

项目三 售中有效订单的处理

任务一 确认订单

一、判断题

1. 网店售中服务是对有效订单的处理,是指客户在网上拍下宝贝到确认收货的过程。（   ）

2. 体贴、周到的售中和售后服务是客户对店铺信任感的真正开始。（   ）

3. 核对订单信息处理得好,会增加客户满意度,反之则可能出现一系列的问题。（   ）

4. 添加备注可以在咨询接待的任何时候,最好是和客户达成一致后立刻备注。（   ）

5. 好的结束语可以给客户留下良好的印象,让客户获得满足感,幸福指数上升,在收到货后一定会给良好的评价。（   ）

二、不定项选择题

1. 对于未付款的订单,客服要与客户进行沟通,了解未付款的原因,也就是常说的（   ）。

    A. 催付　　　　　　　　B. 核对订单信息
    C. 添加备注　　　　　　D. 礼貌告别

2. 买家提交订单后,卖方后台的交易状态有（   ）和评价。

    A. 未付款/已付款　　　　B. 待发货/已发货
    C. 确认发货/退换货　　　D. 交易完成

3. 核对订单信息,客服人员要做到（   ）。

    A. 核对客户收货地址、姓名、电话是否有误
    B. 核对下单尺码、颜色是否有误
    C. 核对发货时间、发货快递是否被客户接受
    D. 询问客户希望的收货时间

4. 客服在与客户沟通的过程中或者在核对订单时客户有什么特殊的要求,一定要做好（   ）。

    A. 文字记录　　　　　　B. 保存聊天记录

C. 备注 D. 跟踪

5. 核对完订单之后就是（　　）。

A. 进店问好　B. 处理异议　C. 确认订单　D. 礼貌告别

三、实践题

假如你是某书店的网络客服，接待了一位母亲，她刚通过咨询为自己的孩子购买了一套《十万个为什么》，请设计三句不同的礼貌告别语并读给同学听，最终确定一句最佳的礼貌告别语。

任务二　确认发货

一、判断题

1. 订单确认有效后，就该下单发货了。（　　）
2. 填写、打印快递单通常会借助第三方工具来完成。（　　）
3. 有形商品的发货可选择"无需物流"。（　　）
4. 快递查询可以有很多种方式，如进入官方网站查询或利用快捷快递查询网站进行查询。（　　）
5. 寄件方可以找寄件公司查询快件信息，有问题可以联系寄件公司进行处理。（　　）

二、不定项选择题

1. 快递单信息的输入可通过（　　）完成。

A. 人工填写　　　　　　B. 查询
C. 计算机打印　　　　　D. 读写

2. 借助第三方工具，系统将自动分配订单到仓储配送部门，由仓库的工作人员进行（　　）和发货处理。

A. 审单　B. 打印　C. 备货　D. 包装

3. ERP软件、E电宝等第三方工具软件可以（　　），与之合作可以大大提高发货速度。

A. 管理发货　　　　　　B. 有效管理库存
C. 自动发货　　　　　　D. 快速发货

4. 千牛工作台发货管理主要包括（　　）和电子面单模块。

A. 寄快递　　　　　　　B. 发货
C. 打单工具　　　　　　D. 打单

5．选择物流服务，有（　　　）等方式。

　　A．无需物流　　　　　　　　B．在线下单

　　C．自己联系物流　　　　　　D．虚拟发货

三、实践题

利于网络搜集快递单号查询网站，记录三个网站名称和网址，填写在附表3-1中。

附表3-1　快递单号查询网站汇总

序　号	快递单号查询网站名称	网　　址
1		
2		
3		

项目四　售后交易纠纷的处理

任务一　处理退换货

一、判断题

1．目前网上商家大都不提供退换货服务。　　　　　　　　　　　（　　）

2．退换货的过程是卖家与买家协商交流的过程，是否能够得到好的解决在很大程度上取决于双方交流的态度。　　　　　　　　　　　　　　　（　　）

3．由于物流原因造成的退换货，卖家可以让客户自己找快递公司索赔。
　　　　　　　　　　　　　　　　　　　　　　　　　　　　　（　　）

4．不同的平台、网站和网店有不同的退换货规则，客服要熟知相关规则。
　　　　　　　　　　　　　　　　　　　　　　　　　　　　　（　　）

5．售后客服处理退换货时应善于总结、汲取教训，采取相应措施，有效减少退换货问题的发生。　　　　　　　　　　　　　　　　　　　　　（　　）

二、不定项选择题

1．买家退换货常见的情况主要有（　　　　）。

　　A．未确认收货前的退换货

　　B．买家已经确认收货并进行评价后的退换货

　　C．由于物流原因造成的退换货

　　D．交易结束后的退换货

2. 产生退换货的原因主要有（　　）。
   A．买家原因　　　　　　　　B．卖家原因
   C．物流原因　　　　　　　　D．平台原因
3. 卖家发货时发错商品，退换货产生的费用应该由（　　）承担。
   A．物流公司　　　　　　　　B．客户
   C．卖家　　　　　　　　　　D．第三方平台
4. 客户下单时选错了尺码，退换货产生的费用应该由（　　）承担。
   A．物流公司　　　　　　　　B．客户
   C．卖家　　　　　　　　　　D．第三方平台
5. 客户收到货物时发现包装严重损坏，商品上有严重的污渍，退换货产生的费用应该由（　　）承担。
   A．物流公司　　　　　　　　B．客户
   C．卖家　　　　　　　　　　D．第三方平台

三、实践题

请利用所学知识，完成附表4-1中不同情况下退换货话术设计。

附表4-1　退换货话术设计

序　号	买家退换货情境	客　服　话　术
1	你好！我要退货。	
2	衣服上面竟然有严重的污渍，我要退货。	
3	太没诚信了，说好的赠品也不赠送，我要退货。	
4	衣服小了，我想换大一码，该怎么操作？	
5	快递公司竟然说我们小区不能送，要我自己去拿，我申请退货。	

任务二　处理退款

一、判断题

1. 极速退款的目的是让所有会员享受到尊贵的退款服务，快速拿到钱款，缩短退款的等待时长。（　　）
2. 客户提出退款要求，客服只需根据情形办理即可，无须掌握沟通技巧。
（　　）

3．一般情况下，经历过退款专员这一岗位的客服被提拔的机会更大。

（　　）

4．客服在处理退款时首先要了解客户退款的真实原因。　　（　　）

5．退款处理一般建议主动联系客户了解退款原因。　　（　　）

二、不定项选择题

1．淘宝网站退款/退货服务类型有（　　）。

　　A．退货不退款　　　　　　B．仅退款

　　C．退货退款　　　　　　　D．仅退货

2．常见的退款方式有（　　）。

　　A．直接退款　　　　　　　B．快递返回后退款

　　C．补偿性退款　　　　　　D．退货后退款

3．退款处理一般分为（　　）三种情况。

　　A．交易取消　　　　　　　B．未收到货

　　C．已收到货且无需退货　　D．已收到货且退货

4．网店退款的处理技巧包括（　　）。

　　A．与客户进行客观沟通　　B．与客户进行情感交流

　　C．与客户进行协商谈判　　D．书信交流

5．客服在处理退款时首先要（　　）。

　　A．真诚地道歉　　　　　　B．热情地问好

　　C．真诚地致谢　　　　　　D．了解客户退款的真实原因

三、实践题

利用网络搜集不同订单状态下客户申请退款的操作方式，完成附表4-2的填写。

附表4-2　不同订单状态下客户申请退款操作方式

序号	订单状态	退款操作方式
1	等待买家付款	
2	买家已经付款	
3	卖家已经发货	
4	交易成功	
5	交易关闭	

任务三 应对投诉纠纷

一、判断题

1. 投诉是客户向商品和服务提供商表达心中不满，并提出打折、退货、换货、索赔、道歉等权益主张的行为。（ ）

2. 对于一些简单、明显且可以立即解决问题的情况，可以直接给出建议并协助客户解决问题。（ ）

3. 处理投诉，客服首先要处理的是客户的心情，认真地倾听会让客户的心情平静下来，也会让客服了解客户的真正意图。（ ）

4. 接到客户纠纷投诉时，如果是客户的责任，可以直接告知，无须耐心解释。（ ）

5. 处理纠纷，严格按规则处理即可，无须投入情感交流。（ ）

二、不定项选择题

1. 遇到交易纠纷，解决方法主要有（   ）。
   A．买卖双方自行协商解决
   B．要求平台客服介入处理
   C．通过司法途径等其他方式解决
   D．卖家逃避不予解决

2. 客户投诉的主要原因一般有（   ）、服务不到位和客户误会等。
   A．产品或服务本身的原因   B．消费承诺未完成
   C．配送有误   D．错误投诉

3. 在解决问题后，请（   ）并确认客户是否满意。
   A．换位思考   B．认真倾听
   C．信守承诺   D．及时跟进

4. 信守承诺的好处主要有（   ）。
   A．可以让客服感觉到自信
   B．可以表示卖家解决问题的诚意
   C．可以及时防止客户的负面宣传造成更大的损失
   D．可以让客户感觉到被尊重

5. 服务投诉是指在交易过程中客户针对卖家的（　　　）等不满意而产生的投诉。

  A．服务方式   B．服务态度
  C．服务质量   D．服务技巧

三、实践题

利用网络收集至少一个网店应对纠纷的案例，分析并记录该网店工作人员运用了哪些技巧。

任务四　管 理 评 价

一、判断题

1．评价通常是指对一件事或人物进行判断、分析后的结论。　（　　）

2．卖家评价是指卖家在订单交易完成，客户对交易做出评价后，对交易进行的相关评价。　（　　）

3．卖家信用等级的高低客观地反映了卖家的诚信度与商品的保障性。
　（　　）

4．信用等级越高，越容易获取新客户的信任。　（　　）

5．店铺只需要对大多数的评价进行分析，少数中差评是不会对店铺造成影响的。　（　　）

二、不定项选择题

1．在电子商务交易活动中，（　　　）是网络购物的最后一个环节，有助于提高买卖双方的信誉。

  A．咨询接待   B．处理异议
  C．签收   D．评价

2．评价的内容可以是多方面的，如（　　　）等。

  A．宝贝与描述相符   B．物流服务的质量
  C．卖家的服务态度   D．卖家信誉

3．评价可以将商品的价值用（　　　）等表述出来。

  A．数字   B．文字   C．符号   D．图片

4. （　　　）是一种数据造假的行为，由于评价不是来自真正的消费者，因此会失去它的客观性。

　　A．评价　　　B．咨询　　　C．反馈　　　D．刷单

5. 网店中的商品评价是（　　　）的载体，以用户评价为载体引导消费是电子商务网站的命脉。

　　A．网络营销　　　　　　B．市场营销
　　C．口碑营销　　　　　　D．绿色营销

三、实践题

请利用所学知识，完成附表4-3中不同情况下评价话术设计。

附表4-3　评价话术设计

序号	客户评价	客服话术
1	宝贝很好，非常喜欢。	
2	客服小微服务非常好，推荐的尺码也很准，非常开心的一次购物。	
3	衣服质量一般，颜色没图片上的好看。	
4	太差了，还没我在夜市上买的好，不值这个价。	
5	买回来就丢在一边，建议大家都别买。	

项目五　客户关系管理

任务一　认识客户关系管理

一、判断题

1. 客户是企业的利润之源，是企业发展的动力。　　　　　　　　　　（　　）
2. 客户关系是指企业为达到其经营目标，主动与客户建立起的某种联系。

（　　）

3．最早发展客户关系管理的国家是中国。　　　　　　　　　（　　）

4．CRM既是一种新型的管理理念，又是一种新型的管理机制，还是一整套的企业管理软件和技术。　　　　　　　　　　　　　　　　　（　　）

5．将电子商务和客户关系管理一体化，构造新型的客户关系管理模式是企业在网络经济环境下成为赢家的基础。　　　　　　　　　　　　　（　　）

二、不定项选择题

1．营销大师菲利普·科特勒把企业与客户之间的关系归结为基本型和（　　）。

　　A．被动型　　　　　　　　　B．能动型
　　C．伙伴型　　　　　　　　　D．负责型

2．CRM主要有（　　）三层含义。

　　A．CRM是一种基于互联网的应用系统
　　B．CRM是一项企业经营战略
　　C．CRM是一项活动
　　D．CRM是一项营商策略

3．客户关系管理的目标有（　　）。

　　A．认识新客户
　　B．更好地认识和发现实际的或潜在的客户
　　C．挖掘、获得、发展和避免流失有价值的现有客户
　　D．避免或及时处理"恶意"客户

4．实施客户关系管理对企业的作用主要体现在（　　）。

　　A．提高客户忠诚度　　　　　B．建立商业壁垒
　　C．创造双赢的效果　　　　　D．降低营销成本

5．电子化客户关系管理具有（　　）的特点。

　　A．整合性　　　　　　　　　B．一对一
　　C．实时性　　　　　　　　　D．数据库

三、实践题

利用网络搜集一个有关"电子商务环境下客户关系管理"的案例，并着重从客户关系管理为企业带来了哪些好处方面进行分析总结。

任务二 运用客户关系管理的方法

一、判断题

1．企业想健康、平稳地发展必须做好一件事，就是不断挖掘新客户资源并将其发展成合作客户。（   ）

2．一般情况下，网络新客户的第一次成交难度是最大的，因为会存在着怀疑、不信任、怕承担风险等。（   ）

3．对待没有成交的客户，客服应该想办法建立潜在客户数据库。（   ）

4．品牌在客户心目中的层次和地位与其客户参与的程度存在反比关系。（   ）

5．群发的信息要很官方，否则会让客户产生反感，甚至删除或屏蔽客服发过去的信息。（   ）

二、不定项选择题

1．对网店来说，获取新客户可以通过（   ）等渠道。
  A．老客户介绍 B．广告宣传
  C．网络销售人员开发 D．客服人员开发

2．维护老客户的意义主要有（   ）。
  A．使企业的竞争优势长久 B．使成本大幅度降低
  C．有利于发展新客户 D．会获取更多的客户份额

3．克服成交的心理障碍，保持积极的成交态度，客服应该做到（   ）。
  A．正确地对待失败 B．要有自信心
  C．要有积极主动的心态 D．保持职业自卑感

4．一个完整的销售过程往往要经历（   ）、与客户接触、处理异议和下单成交等不同的阶段。
  A．电话咨询 B．现场促销
  C．广告宣传 D．寻找客户

5．从服务利润链分析可知，要保持客户忠诚必须从（   ）着手。
  A．新客户 B．领导 C．员工 D．老客户

三、实践题

根据所学知识,完成"网店开发新客户和维护老客户的途径及方法"的方案设计,将设计内容填写在附表5-1中。

附表5-1 网店开发新客户和维护老客户的途径及方法

序 号	方 式	具体的途径和方法
1	开发新客户	1.
		2.
		3.
2	维护老客户	1.
		2.
		3.